AF535927

Ödön von Horváth

Ich bin nämlich eigentlich ganz anders, aber ich komme nur so selten dazu

Ödön von Horváth (1901–1938)

Ödön von Horváth

Ich bin nämlich eigentlich ganz anders, aber ich komme nur so selten dazu

Gedanken eines Aufrechten

Herausgegeben von Anna Schloss

marixverlag

Und die Leute werden sagen
In fernen blauen Tagen
Wird es einmal recht
Was falsch ist und was echt

Was falsch ist, wird verkommen
Obwohl es heut regiert.
Was echt ist, das soll kommen
Obwohl es heut krepiert.

(Theoretisches, Briefe, Verse)

Inhalt

I.

Die Gesellschaft, Politisches und Soziales

Das ist der Fluch speziell von uns Deutschen, daß wir uns nicht um Politik kümmern, wir sind kein politisches Volk – bei uns gibts noch massenweis Leut, die keine Ahnung haben, wer sie regiert.

(Italienische Nacht)

*

Aber wenn jemand wie ich die menschliche Gesellschaft beobachtet und die sozialen Umschichtungen nicht nur rein intellektuell, sondern auch gefühlsmäßig miterlebt, dann drückt sich das einem im Gesicht aus, überhaupt in der ganzen Haltung. Man wird gezeichnet.

(Geschichten aus dem Wiener Wald)

*

Ich finde nur, daß man sich als überlegener Mensch keiner Partei anschließen soll. Man muß auf einer höheren Zinne stehen.

(Geschichten aus dem Wiener Wald)

*

Ich kenne alle Parteien! Es gibt überhaupt keine Partei mehr, bei der ich noch nicht war, höchstens Splitter! Aber ich kann dir sagen, das ist alles nichts!

(Kasimir und Karoline)

*

Ich bin ein Mensch, der sich ganz auf das gesellschaftliche Problem konzentriert hat. Bei mir geht die Ökonomie vor der Erotik.

(Geschichten aus dem Wiener Wald)

*

Ich hab halt ein zu scharfes Auge. Ich seh, wie sich die Welt entwickelt, und dann denk ich mir, wenn ich nur ein paar Jahre jünger wär, dann könnt ich noch aktiv mittun an ihrer Verbesserung – aber ich bin halt verdorben. Und müd.

(Italienische Nacht)

*

»Das deutsche Volk einig in seinen Stämmen –« – mir, als sogenanntem Auslandsdeutschen, als von den garantiert echten Vaterländischen unter der Rubrik »Internationalist« Geführtem, mir wurd es übel, Zeuge dieser entarteten Heimatliebe zu sein.

(Erzählungen und Skizzen)

*

– Der schönste Tod ist ja allerdings der Tod für ein Ideal.
– Ich kenn kein Ideal, für das ich sterben möcht.

(Italienische Nacht)

*

Die Deutschen haben nämlich alle dicke Köpfe, natürlich nur im wahren Sinne des Wortes. Ich bin ja selbst so halb Deutscher. Was bin ich nicht halb? Alles bin ich halb! So ist das Leben!

(Der ewige Spießer)

*

Ich denk jetzt an meinen Abort. Siehst, früher da waren nur so erotische Sprüch an der Wand dringestanden, hernach im Krieg lauter patriotische und jetzt lauter politische – glaubs mir: so langs nicht wieder erotische werden, so lang wird das deutsche Volk nicht wieder gesunden –

(Italienische Nacht)

*

Man sieht die Erde unter sich und all die Menschen und den Schmutz und das Elend und wundert sich, daß die Menschen nicht mehr Frieden halten können.

(Kasimir und Karoline)

*

Ich hab mir das alles genau überlegt, das mit dem Staat, Krieg, Friede, diese ganze Ungerechtigkeit. Man muß dahinter kommen, es gibt da ein ganz bestimmtes Gesetz. Es ist immer dasselbe. Ein ganz bestimmter Plan, das ist klar, sonst wär ja alles sinnlos. Das ist das große Geheimnis der Welt.

(Sladek oder Die schwarze Armee)

*

Kultur oder nicht Kultur – Krieg ist ein Naturgesetz!

(Geschichten aus dem Wiener Wald)

*

Ich wäre glücklich, wenn wir ein internationales Strafgesetzbuch hätten, das die Macht besäße, den Krieg zu sühnen genau wie den Mord. Daß es trotzdem Kriege geben wird, nehme ich als unerbittliche Tatsache, aber nicht als Ausrede.

(Sladek oder Die schwarze Armee)

*

Daß ich aus Europa will, das hat einen sogenannten bevölkerungspolitischen Grund. Es ist nämlich zu eng hier – ich hab zum Beispiel immer das Gefühl, man muß ein Fenster aufmachen, damit frische Luft herein kann, es ist zu dumpf hier.

(Sladek oder Die schwarze Armee)

*

– Der Kommunismus kommt.
– Man spricht aber vom Nationalismus.
– Lächerlich! Der Kommunismus ist unausbleiblich – das sind so Schwankungen! Es ist doch unmöglich, daß die Industrie herrscht! Nicht? Einfach unmöglich! Ist doch ganz klar! Kapitalismus ist doch eine prähistorische Erscheinung!
– Aber meine Generation hat drunter zu leiden!

(Himmelwärts)

*

Man muß durch Marx unbedingt hindurchgegangen sein.

(Der ewige Spießer)

*

Am Anfang war die Tat, sagt Goethe und schrieb den Faust. Am Anfang war das Wort, sagt Wilhelm der Zweite und führte uns herrlichen Zeiten entgegen, am Anfang war, das kümmert mich nicht, sagt Lenin. Jetzt kommt die Tat oder das Wort. Ich bin, sagt Lenin. Ich lebe.

(Charlotte)

*

Des Grundübel, des is die kapitalistische Produktionsweise. Solang da a solche Anarchie herrscht, solang darfst wartn mit den Idealen des Menschengeschlechts.

(Revolte auf Côte 3018)

*

Die Leute, die da vom Untergang des Kapitalismus reden, haben recht. Ich sage das als Kapitalist. Es ist ein unmöglicher Zustand. Er hat sich überlebt. Das System ist ganz morsch.

(Szenisches)

*

Die Zeitungen sollen endlich aufhören, die Völker gegeneinander zu hetzen. Es hat doch gar keinen Sinn.

(Sladek oder Die schwarze Armee)

*

Ich versteh die Leut nicht mit ihrem Kollektivismus. Das ist doch alles anders. Der Mensch ist auf sich gestellt – auf sich allein, besonders der Deutsche. Indem, daß wir heut die Lage sehen – wie lange werden wir noch brauchen, bis wir kollektiv denken können? Ich werds ja nimmer erleben –

(Sladek oder Die schwarze Armee)

*

Wie kommt es, daß die Menschen, die heute nichts haben, statt sich sozialistischen Gewerkschaften anzuschließen, in die Kreise der schwarzen Reichswehr geraten?

(Theoretisches, Briefe, Verse)

*

Es wird auf der Welt nichts besser gehaßt und verachtet als ein redlicher Mann mit Verstand, und da gibt's nur einen Ausweg. Du hast dich zu entscheiden:

Redlichkeit oder Verstand. Bist du nur redlich, mußt du opfern, hast du nur Verstand, wird dir geopfert.

(Figaro läßt sich scheiden)

*

Die Gerechtigkeit ist zwar eine schöne Sache, eine gute Sache, aber wer die Macht hat, braucht sie nicht.

(Ein Dorf ohne Männer)

*

Der Begriff »Vaterland«, nationalistisch gefälscht, ist mir fremd. Mein Vaterland ist das Volk.

(Autobiographisches)

*

Sortiert nach Sprache, Rasse und Nation stehen die Haufen nebeneinander und fixieren sich, wer größer ist.

Sie stinken, daß sich jeder einzelne die Nase zuhalten muß.

Lauter Dreck! Alles Dreck!

(Jugend ohne Gott)

*

Worauf es ankommt, ist die Bekämpfung des Nationalismus zum Besten der Menschheit.

(Autobiographisches)

*

Es widerfuhr mir das große Glück erkennen zu dürfen, daß die Ausrottung der nationalistischen Verbrechen nur durch die völlige Umschichtung der Gesellschaft ermöglicht werden wird. Das ist mein Glaube.

(Autobiographisches)

*

Denn das Herz der Völker schlägt im gleichen Takt, es gibt ja nur Dialekte als Grenzen.

(Autobiographisches)

*

Bekanntlich ist halt jede Revolution ein pädagogisches Problem, aber auch die Pädagogik ist ein revolutionäres Problem. Wie sie sehen, ist das sehr kompliziert.

(Der ewige Spießer)

*

»Wer sichs halt nicht leisten kann, der soll halt unter Gottes Sternenhimmel wohnen oder im Asyl. Was braucht der Mensch a Wohnung, wenn ers nicht bezahlen kann!« so argumentiert das Bürgertum.

(Der ewige Spießer)

*

Ich bin aus purem Pessimismus manchmal direkt reaktionär!

(Der ewige Spießer)

*

Ich taug nicht zum Beamten, das bietet nämlich keine Entfaltungsmöglichkeiten. Die Arbeit im alten Sinne rentiert sich nicht mehr. Wer heutzutag vorwärts kommen will, muß mit der Arbeit der anderen arbeiten. Ich hab mich selbständig gemacht. Finanzierungsgeschäfte und so –

(Geschichten aus dem Wiener Wald)

*

Wenn ich was geworden wär, wär ich Komiker geworden. Man muß sich nur auslachen lassen und verdient Geld.

(Sladek oder Die schwarze Armee)

*

Man muß die Politik nach den Regeln des gesunden Menschenverstandes, nüchtern und nach Geschäftsprinzipien betreiben.

(Der ewige Spießer)

*

Wenns nur nach der Vernunft ginge, dann könnte man sich ja leicht verständigen, aber es spielen da noch einige Gefühlsmomente eine Rolle, und zwar eine entscheidende Rolle!

(Der ewige Spießer)

*

Merken Sie sich: wir sind Kaufleute. Also nicht naiv.

(Revolte auf Côte 3018)

*

Denn die wirklich vornehmen Leute essen bekanntlich, als hätten sie es gar nicht nötig zu essen, als wären sie der Materie entwachsen. Als wären sie vergeistigt und sie sind doch nur satt.

(Der ewige Spießer)

*

In den Hotelgärten saßen lauter vornehme Menschen und ahnten nicht, daß sie aufreizend lächerlich wirken, sowie man mehrere ihrer Art beisammen sieht.

(Der ewige Spießer)

*

Der Spießer ist bekanntlich ein hypochondrischer Egoist, und so trachtet er danach, sich überall feige anzupassen und jede neue Formulierung der Idee zu verfälschen, indem er sie sich aneignet.

(Der ewige Spießer)

*

Seit es Götter und Menschen, Kaiser und Knechte, Herren und Hörige, Beichtväter und Beichtkinder, Adelige und Bürger, Aufsichtsräte und Arbeiter, Abteilungschefs und Verkäuferinnen, Familienväter und Dienstmädchen, Generaldirektoren und Privatsekräterinnen – kurz: Herrscher und Beherrschte gibt, seit der Zeit gilt der Satz: »Im Anfang war die Prostitution!«

(Der ewige Spießer)

*

Wer wagt es also die heute herrschende Bourgeoisie anzuklagen, daß sie nicht nur die Arbeit, sondern auch das Verhältnis zwischen Mann und Weib der bemäntelnden Lügen und des erhabenen Selbstbetruges entblößt, indem sie schlicht die Frage stellt: »Na was kostet schon die Liebe?«

Kann man ihr einen Vorwurf machen, weil sie dies im Bewußtsein ihrer wirtschaftlichen Macht der billigeren Buchführung wegen tut? Nein, das kann man nicht.

Die Bourgeoisie ist nämlich überaus ehrlich.

Sie spricht ihre Erkenntnis offen aus, daß die wahre Liebe zwischen Ausbeutern und Ausgebeuteten Prostitution ist. Daß die Ausgebeuteten unter sich auch ohne Prostitution lieben könnten, das bezweifelt die Bourgeoisie nicht, denn sie hält die Ausgebeuteten für noch dümmer, da sie sich ja sonst nicht ausbeuten ließen.

Die Bourgeoisie ist nämlich überaus intelligent.

Sie hat auch erkannt, daß es selbst unter Ausbeutern nur Ausbeutung gibt. Nämlich, daß die ganze Liebe nur eine Frage der kaufmännischen Intelligenz ist.

Kann man also die Bourgeoisie anklagen, weil sie alles auf den Besitzstandpunkt zurückführt?

Nein, das kann man nicht.

(Der ewige Spießer)

*

Zu guter Letzt ist halt diese ganze Prostitution etwas sehr trauriges, aber man kann sie halt nicht abschaffen.

(Der ewige Spießer)

*

Ich betrachte auch die Prostitution von einem höhern Standpunkt aus. Ich hab mir jetzt grad überlegt, daß wir Menschen, seitdem wir da sind, eigentlich nur drei Triebe, nämlich Inzest, Kannibalismus und Mordgier unterdrückt haben, und nicht einmal diese drei haben wir total unterdrückt, wie das uns in letzter Zeit wieder mal der Weltkrieg bewiesen hat.

(Der ewige Spießer)

*

Als ich den ersten Schnaps getrunken hatte, dachte ich, man müßte eine Waffe erfinden, mit der man jede Waffe um ihren Effekt bringen könnte, gewissermaßen also: das Gegenteil einer Waffe – ach, wenn ich nur ein Erfinder wär, was würde ich nicht alles erfinden! Wie glücklich wär die Welt!

(Jugend ohne Gott)

*

Aber das Unrechte wird von zwei Seiten betrachtet, was uns recht ist, ist den anderen unrecht, was uns unrecht ist, ist den anderen recht. Den Herrschenden.

(Szenisches)

*

Es wird immer Werte geben, von denen einige Leute mehr haben werden als alle übrigen zusammen. Mehr Sterne am Kragen, mehr Streifen am Ärmel mehr Orden auf der Brust, sichtbar oder unsichtbar, denn arm und reich wird es immer geben, genau wie dumm und gescheit.

(Jugend ohne Gott)

*

Die ganze menschliche Gesellschaft ist aufgebaut auf Eigenliebe, Heuchelei und roher Gewalt.

(Jugend ohne Gott)

*

Herrschen tut der Profit. Also regieren die asozialen Elemente. Und die schaffen sich eine Welt nach ihrem Bilde.

(Italienische Nacht)

*

Die Reichen werden immer siegen, weil sie die Brutaleren, Niederträchtigeren, Gewissenloseren sind.

(Jugend ohne Gott)

*

In dieser heutigen Welt ist alles auf das Geld aufgebaut.

(Kasimir und Karoline)

*

Doch hatte sie es einsehen müssen, daß die Welt, wenn man auch noch soviel nachdenkt, doch nur nach kaufmännischen Gesetzen regiert wird und diese Gesetze sind allgemein anerkannt, trotz ihrer Ungerechtigkeit. Durch das Nachdenken werden sie nicht anders, das Nachdenken tut nur weh.

(Der ewige Spießer)

*

– Wie verdient man Geld?
– Mit oder ohne Arbeit?
– Ohne.

(Ein Dorf ohne Männer)

*

Wer arm ist, darf sich was vorlügen – das ist sein Recht.

(Ein Kind unserer Zeit)

*

Es dreht sich also nicht nur alles um Geld, sondern auch um die persönliche Wirkung. Wer hat, der hat!

(Ein Kind unserer Zeit)

*

Oh, wie schlecht sind die Folgen des Geldhabens! Geld ruiniert den Charakter, zerstört die moralischen Grundsätze, die sozialen Triebe! Und wenn das Geld dann zur Neige geht, und man hat nichts mehr zum Saufen, dann erwacht ein so eigenartiges Wesen, das Gewissen, steht auf, setzt sich an dein Bett und rechnet es dir vor, was du alles verspielt hast, was du alles falsch gemacht hast – und dann liegst du da schlaflos in der Nacht und schwitzt vor lauter Angst, und schaust heimlich zum Fenster hinaus, ob nicht ein schwarzer Mann über die Straße geht und unten steht. So ein schwarzer Mann, wie er auf alten Bildern abgemalt ist, der auf einem schwarzen Roß reitet.

(Schlamperl)

*

Wenn wir uns ärgern, daß einer nicht anbeißt, dann zappelt er vielleicht schon im Netz.

(Jugend ohne Gott)

*

Für das Gute und für das Böse, da hat sich nur der einzelne zu verantworten und keinerlei Vaterland zwischen Himmel und Hölle.

(Ein Kind unserer Zeit)

*

Wie die Gesellschaft Menschen erledigt, die ihr schädlich sind. Wie plötzlich alle Gesetze aufgehoben sind, das war schon immer so – die Gesetze stehen gegen den Menschen, und wenn nicht, dann werden sie eben gebrochen. Der Einzelne ist schutzlos.

(Szenisches)

*

Im allgemeinen Staatenbetriebe wird gar oft ein persönliches Schicksal zerrieben.

(Hin und her)

*

Die historischen Gesetze kümmern sich einen Dreck um Privatschicksale, sie schreiten unerbittlich über den einzelnen hinweg, und zwar vorwärts.

(Italienische Nacht)

*

Als ich jung war, verging mein Tag mit lesen. Wer liest heut noch von der Jugend?

(Szenisches)

*

Heutzutag muß auch der Richter ein ausgesprochener Psychologe sein.

(Szenisches)

*

Heute wird die Welt immer enger, die Pferde immer weniger und die Leute immer mehr. Bald werden sie keinen Platz mehr haben und werden verhungern, obwohl wie es sich die Kapazitäten haarscharf ausgerechnet haben, auf dieser kleinen Erde so viel wächst, daß ein jeder Mensch so viel fressen könnt, und so lange, bis es ihm gar nicht mehr schmeckt. Aber leider haben es sich halt die Kapazitäten noch nicht ausgerechnet, wie man diesen Überfluß verteilt, so daß sich ein jeder überfressen kann, bis er krank wird.

(Schlamperl)

*

Das Ziel jedes Staates ist die Verdummung des Volkes. Keine Regierung hat ein Interesse daran, daß das Volk gescheit wird. Also steht jede Regierung in Feindschaft gegen die Vernunft der anderen. Die Regierung ist umso stärker, je fester sie darauf schaut, daß das Volk verdummt wird.

(Theoretisches, Briefe, Verse)

*

Wir leben in einer Zeit, in der ein großer Teil der Welt von Verbrechern und Narren beherrscht wird.

(Theoretisches, Briefe, Verse)

*

Gegen Lüge und Dummheit. Werdet aufrichtig, erkennt euch selbst! Nehmt euch nicht zu ernst, es steht euch weder an noch gut.

(Schlamperl)

*

Es gibt für mich ein Gesetz und das ist die Wahrheit.

(Theoretisches, Briefe, Verse)

*

Muatterl schaug beim Fenster naus
Der Hitler macht an Putsch
Die Reichswehr setzt den Stahlhelm auf
Das ganze Land ist futsch!

(Theoretisches, Briefe, Verse)

*

Zensur ist Bevormundung. Zur Bevormundung braucht man Polizei. Zur Polizei braucht man das Zuchthaus.

Wer ist Zensor? Pfaffe, Richter und Soldat. Was wird zensiert? Der Glaube an den Fortschritt. Was wird verboten? Die Vernunft, das Recht und der Friede. Was wird erlaubt? Der Abtreibungsparagraph, Giftgas, Wohnungsnot, Tuberkulose, gottgewolltes Wettrüsten und organisierter Betrug. Wer protestiert dagegen? Die Intellektuellen. Wer soll dran zugrunde gehen? Das Proletariat. Denn der Zensor würde sich um die Intellektuellen überhaupt nicht kümmern, würden sich die Intellektuellen nicht um das Schicksal des Proletariats kümmern.

Und so kann auch nur das Proletariat den Zensor besiegen.

(Theoretisches, Briefe, Verse)

*

Die Zensur ist ein Produkt der Angst.
Die Angst hat viele Kinder. Ich erwähne nur die Lüge, die Hemmung, die Tücke, und zum Teil auch die Unwissenheit – (aber da ist noch ein anderer Vater dabei) – aber nicht die Dummheit! Oh nein! Die Dummheit, das ist ein eigenes Gebiet, die bewohnt ein feines, schönes Haus.

(Theoretisches, Briefe, Verse)

II.

Vom Wesen des Menschen

Man denkt immer, daß man wichtig ist, und das ist meiner Meinung nach falsch.

(Rund um den Kongreß)

*

Es dreht sich ja eigentlich nicht darum, wie es der Menschheit tatsächlich ergeht, sondern was sich der einzelne Mensch einbildet.

(Sladek oder Die schwarze Armee)

*

Aber die Menschen wären doch garnicht schlecht, wenn es ihnen nicht schlecht gehen tät. Es ist das eine himmelschreiende Lüge, daß der Mensch schlecht ist.

(Kasimir und Karoline)

*

Der Mensch ist weder gut noch böse – er kann gut und böse werden, je nachdem.

(Szenisches)

*

Die Menschen sind weder gut noch böse. Allerdings werden sie durch unser heutiges wirtschaftliches System gezwungen, egoistischer zu sein, als sie es eigentlich wären, da sie doch schließlich vegetieren müssen.

(Kasimir und Karoline)

*

Das eine steht fest, daß wir Menschen in irgend einer Weise mit dem Tier verwandt sind. Überhaupt sind wir alle miteinander verwandt.

(Geschichten aus dem Wiener Wald)

*

Der Glaube an die Unantastbarkeit jeden lebendigen Wesens führt in die Labyrinthe des Betruges. Es gibt nämlich Kreaturen, verfassungsmäßig organisierte Kreaturen, die moralisch derart verkommen sind, daß es selbst der liebe Gott aufgegeben hat, sie bessern zu wollen.

(Sladek oder Die schwarze Armee)

*

Man streitet sich darum, ob der Mensch ein Produkt seiner Umgebung ist, ob die Menschen materialistisch bedingt oder ideologisch bedingt sind. Die Wahrheit werden wohl die Unzufriedenen ertragen und suchen, die Zufriedenen nicht. Die sich in ihrer Zufriedenheit bedroht Fühlenden, die unsicher Gewordenen, werden eher dazu neigen, phantastische Theorien aufzustellen.

(Der Mittelstand)

*

Was ist ein Genie? Ein genialer Mensch. Und was ist ein Mensch? Ein Nichts. Also was ist ein Genie? Ein Garnichts!

(Hin und her)

*

Was sehen Sie mir an, was wissen Sie von mir?! Was wissen sie von Ihrem Geliebten, Ihren Eltern, Freunden, Bekannten?! Nichts! Sie kennen die Fassade eines Hauses, vielleicht einige Zimmer, das ist alles! Decken Sie die Dächer ab: welche Verbrechen würden Sie da entdecken!

(Mit dem Kopf durch die Wand)

*

Ich war nämlich zu moralisch, wahrscheinlich weil ich aus einer verkommenen Familie stamm. Heut bin ich nicht mehr korrekt, heut bin ich menschlich.

(Rund um den Kongreß)

*

Nervosität ist nie gut.

(Geschichten aus dem Wiener Wald)

*

Man weiß doch, daß man nichts kann, nichts ist, und, daß man auch niemals was werden kann.

(Erzählungen und Skizzen)

*

Ein großes Nichts ist der Mensch neben einem Berg. Also ständig möchte ich nicht in den Bergen wohnen. Dann wohn ich schon lieber im Flachland.

(Der ewige Spießer)

*

Glück kann man immer brauchen, denke ich mir, und gesund bist du auch, gottlob! Aber zufrieden? Nein, zufrieden bin ich eigentlich nicht. Doch das ist ja schließlich niemand.

(Jugend ohne Gott)

*

Wenn ich mir heute begegnen würde, so wie ich damals gewesen bin, ich glaube, ich könnte mich selber erschlagen –

(Ein Kind unserer Zeit)

*

Ich bin fest, oho! Wenn ich etwas als recht einsehe, dann bringt mich nichts davon ab! Ich hasse das Unrecht!

(Szenisches)

*

Jähzornige Leute sind aber meistens gutmütig.

(Kasimir und Karoline)

*

So sind nun mal diese Leute, die keine Rücksicht auf den einzelnen Menschen nehmen, sie bauen und bauen ab, ob dabei einer unter die Räder kommt, was kümmert sies?

(Ein Kind unserer Zeit)

*

Es gibt weder gewöhnliche noch ungewöhnliche Sterbliche, es gibt einfach nur Sterbliche und basta.

(Figaro läßt sich scheiden)

*

Es ist wichtiger seine Fehler einzusehen, als wie Fehler zu unterlassen.

(Italienische Nacht)

*

Ein Ziel ist immer etwas Erstrebenswertes. Ein Mensch ohne Ziel ist kein Mensch.

(Geschichten aus dem Wiener Wald)

*

Wenn du nicht etwas ganz Außergewöhnliches unternimmst, dann bleibst du dein Leben lang nur eine Nummer! Aber ich hab halt keine Nummer sein wollen, sondern eine gefeierte Ausnahmeerscheinung!

(Szenisches)

*

Man muß innerlich wachsen, an seinem inneren Menschen arbeiten.

(Schlamperl)

*

Für einen Menschen muß man immer Zeit haben – der Mensch kommt an erster Stelle und dann kommt erst alles andere!

(Ein Kind unserer Zeit)

*

Wenn sich alle Mistvieher helfen täten, ging es jedem Mistvieh besser, überhaupt sollten sich die Mistvieher mehr helfen, es ist doch direkt unanständig, wenn man einem nicht helfen tät, obwohl man könnt.

(Der ewige Spießer)

*

Mir darf das niemand nachsagen, daß ich nichts übrig hab für fremde Not. Es tut mir ja direkt gut, wenn ich was Gutes tun kann.

(Rund um den Kongreß)

*

Ich nehm einen jeden Hallodri in Schutz. Das geht bei mir automatisch. Sogar für den geborenen Verbrecher setz ich mich ein. Das ist bei mir eine direkte Bedürfnisfrage.

(Rund um den Kongreß)

*

Ich geh von dem Grundsatz aus, daß es ein Nichtkönnen nicht gibt. Man kann alles, wenn man nur will!

(Geschichten aus dem Wiener Wald)

*

Traurige Leut gibt's auf der Welt – – Leut, die gar nichts mehr rührt, radikal nichts – – es rührt sie nicht, ob einer verurteilt wird oder freigesprochen, schuldig oder unschuldig – – sie denken nur an ihr Bier – –

(Der jüngste Tag)

*

Ich red nur mit Leuten, die selbständig denken können.

(Sladek oder Die schwarze Armee)

*

Ein jeder intelligente Mensch ist ein Pessimist.

(Kasimir und Karoline)

*

Der intelligente Mensch gibt seinen Denkfehler zu.

(Sladek oder Die schwarze Armee)

*

Es gibt keine Toten. Wir Menschen haben eine unsterbliche Seele.

(Zur schönen Aussicht)

*

Wenn ich Zeit hab, werd ich dich bedauern.

(Geschichten aus dem Wiener Wald)

*

Man leidet oft unter seinem Namen und wird falsch eingeschätzt. Ich denke mir, daß ich überhaupt nicht den richtigen Namen hab. Aber man kann ja nichts für seinen Namen.

(Geschichten aus dem Wiener Wald)

*

Wenn man schon etwas anstellt, dann müßt es sich aber auch rentieren tun.

(Kasimir und Karoline)

*

Meine Ideale, die habe ich heimgeschickt –

(Kasimir und Karoline)

*

Wenn einer das Talent hat, verwechselt zu werden, so ist das schlimm. Es erinnert sich keiner an ihn.

(Sladek oder Die schwarze Armee)

*

Ich bin mir der Kluft bewußt zwischen ehrbaren Menschen und meiner Person!

(Mit dem Kopf durch die Wand)

*

Wir wären alle glücklicher, wenn wirs glauben würden, daß es uns nicht besser gehen soll, sondern schlechter gehen darf.

(Figaro läßt sich scheiden)

*

Ich bin nicht so veranlagt, daß ich mich beschimpfen lasse.

(Kasimir und Karoline)

*

Ich bin nie befangen, das hab ich mir abgewöhnt!

(Mit dem Kopf durch die Wand)

*

Endlich allein! Wirklich, ich muß mich mal wieder ein bisserl mit mir selber beschäftigen – wie ich mich vernachlässige ist eine Affenschand!

(Himmelwärts)

*

Ich bin oft ganz gern allein.

(Szenisches)

*

Ich bin nämlich eigentlich ganz anders, aber ich komme nur so selten dazu.

(Zur schönen Aussicht)

*

Ich weiß ja, daß ich nicht gerade fein bin, denn ich bin halt ehrlich. Ich verschleier mich nicht vor mir, ich kanns schon ertragen, die Dinge so zu sehen, wie sie halt sind!

(Der ewige Spießer)

*

Und einen Augenblick lang wird's mir so weh um das Herz, als hätte ich etwas verloren, was ich niemals besessen hab.

(Ein Kind unserer Zeit)

*

– Ich kanns mir ja denken.
– Umso besser! Im Übrigen verzichte ich auf Ihre Gedanken!
– Es geht sie auch nichts an!

(Szenisches)

*

Man soll halt nur mit Menschen verkehren, von denen man was hat.

(Der ewige Spießer)

*

Dein hemmungsloses Vertrauen zum eigenen Glück wird dich nochmal ins Unglück stürzen!

(Mit dem Kopf durch die Wand)

*

Es tut mir nämlich als Mensch persönlich leid, wenn ich sehe, wie ein Mensch, der mir immerhin mal persönlich nicht so ganz nahe gestanden ist, seine Naturgeschenke sinnlos verschleudert, statt sie zu verkaufen.

(Der ewige Spießer)

*

Wie kann man vor mir Angst haben? Ich hab ja vor mir selbst keine Angst!

(Rund um den Kongreß)

*

Er kam sich vor wie ein gutes Gespenst, das sich über seine eigene Harmlosigkeit noch niemals geärgert hat.

(Der ewige Spießer)

*

– Ich bin so mißtrauisch, weil du mich schon so oft angelogen hast.
– Da will ich dir gar nicht widersprechen, denn ich bin ein wahrheitsliebender Mensch.

(Geschichten aus dem Wiener Wald)

*

Du machst mich mal wieder korrekt nervös. Das ist unverantwortlich von dir für dich.

(Rund um den Kongreß)

*

Ich versteh dich genau. Ich versteh dich sicher besser als du.

(Szenisches)

*

Zuerst war zwar ich der leichtere Teil und er der schwerere, aber dann haben wir aufeinander abgefärbt – jetzt ist er der Optimist und ich seh schwarz.

(Der jüngste Tag)

*

Ich bin nur froh, daß du nicht dumm bist – Ich bin nämlich von lauter dummen Menschen umgeben.

(Geschichten aus dem Wiener Wald)

*

Wer beim Würfeln philosophiert, dem trau ich nicht. Der ist entweder allwissend oder ein Narr!

(Szenisches)

*

Denn trotz aller eigenen Schuld an dem Bösen ist es herrlich und wunderschön, wenn ein Böser vernichtet wird!

(Jugend ohne Gott)

*

Ich bin doch eine Ruine und gehöre renoviert –

(Szenisches)

*

Oh verzeihen Sie, daß ich mich derart penetrant verspätet habe, aber leider hatte ich Panne auf Panne, und einen Hund haben wir auch überfahren …

(Hin und her)

*

Ich bin ein müder abgearbeiteter Mensch und möchte abends meine Posse haben!

(Rund um den Kongreß)

*

Ich müßt aber so tief hinunter, damit ich in höhere Kreise komm –

(Kasimir und Karoline)

*

Wenn ich dich so seh, krieg ich direkt einen Moralischen.

(Italienische Nacht)

*

Ach, könnte man nur so in Ohnmacht fallen! Nur einmal so sich drehen, hindrehen, herdrehen herumdrehen – Ich bin verdammt, alles bei Bewußtsein zu verdauen, zu sehen und hören, wie die eigenen Gedärme arbeiten.

(Zur schönen Aussicht)

*

Für uns alte Leut ist ja der Alkohol noch die einzige Lebensfreud!

(Geschichten aus dem Wiener Wald)

*

Immer, wenn ich traurig bin, möchte ich singen.

(Italienische Nacht)

*

– Immer gesucht, nie gefunden, und dennoch immer wieder verloren – Was ist das?
– Er sagte, es wäre die Menschlichkeit.

(Figaro läßt sich scheiden)

*

Warum haßt man einen Menschen? Entweder weil er einem nichts gibt oder zuviel gegeben hat.

(Sladek oder Die schwarze Armee)

*

Ein Mensch, der heute zu meiner täglichen Umgebung gezählt werden will, der soll mir nicht immer seine Ansicht sagen, selbst wenn sie richtig ist, er soll mich lieber durch bedingungslose Zustimmung belügen, denn eine Wahrheit in solcher Zeit ist häufig nur heimliche Kritik. Und für heimliche Kritik sorge ich persönlich –

(Figaro läßt sich scheiden)

*

Jetzt gibt's nur zweierlei: entweder krieg ich einen Anfall oder Sie! Aber ich kann besser toben, mach ich Sie aufmerksam!

(Mit dem Kopf durch die Wand)

*

Jeder Verwandte vererbe einem etwas, entweder Geld oder einen großen Dreck. Aber auch Eigenschaften wären erblich, so würde der eine ein Genie, der zweite ein Beamter und der dritte ein kompletter Trottel, aber die meisten Menschen würden bloß Nummern, die sich alles gefallen lassen. Nur wenige ließen sich nicht alles gefallen, und das wäre sehr traurig.

(Der ewige Spießer)

*

Ihr wollt Erhebung in der Höll', wo offiziell nur erniedrigt wird? Ah, das ist aber eine luxuriöse Vorstellungswelt.

(Himmelwärts)

*

Es ist also alles Essig, diese ganze himmlische und irdische Liebe, und es bleibt dabei: ich mag keine Seele leiden.

Auch mich nicht. Eigentlich hasse ich alle.

(Ein Kind unserer Zeit)

*

Es gibt eben etwas, was ich aus tiefster Seel heraus haß – und das ist die Dummheit.

(Geschichten aus dem Wiener Wald)

*

Nur nicht denken! Durch das Denken kommt man auf ungesunde Gedanken.

(Ein Kind unserer Zeit)

*

Nichts gibt so sehr das Gefühl der Unendlichkeit als wie die Dummheit.

(Geschichten aus dem Wiener Wald)

*

Man muß nur selbständig denken. Ich denk viel. Ich denk den ganzen Tag.

(Sladek oder Die schwarze Armee)

*

Ich hab nämlich keine Angst mehr vor dem Denken, seit mir nichts anderes übrigbleibt. Und ich freu mich über meine Gedanken, selbst wenn sie Wüsten entdecken.

Denn ich bleib durch das Denken nicht mehr allein, weil ich mehr zu mir selber komm. Dabei find ich meistens nur Dreck.

(Ein Kind unserer Zeit)

*

Ich kann nicht mehr denken vor lauter Pech.

(Zur schönen Aussicht)

*

Nein, ich will nicht weiterdenken!
Denken tut weh –

(Ein Kind unserer Zeit)

*

Lieblich waren die Gedanken, die mein Herz durchzogen. Sie kamen aus dem Kopf, kostümierten sich mit Gefühl, tanzten und berührten sich kaum.

Ein vornehmer Ball. Exklusive Kreise. Gesellschaft!

Im Mondlicht drehten sich die Paare.

Die Feigheit mit der Tugend, die Lügner mit der Gerechtigkeit, die Erbärmlichkeit mit der Kraft, die Tücke mit dem Mut.

Nur die Vernunft tanzte nicht mit.

Sie hatte sich besoffen, hatte nun einen Moralischen und schluchzte in einer Tour: »Ich bin blöd, ich bin blöd!« –

Sie spie alles voll.

Aber man tanzte darüber hinweg.

(Jugend ohne Gott)

*

Wenn ich einen Rausch hab, dann werd ich totenstill!

(Mit dem Kopf durch die Wand)

*

Es gibt nämlich Personen, die durch Bacchus zum Helden avancieren, aber ich bleibe Diplomat.

(Zur schönen Aussicht)

*

Ich pflege nachts nicht zu rauchen, sondern zu schlafen. Oder zu trinken.

(Mit dem Kopf durch die Wand)

*

Wenn ich nicht rauche, kann ich nicht arbeiten.

(Geschichten aus dem Wiener Wald)

*

Wenn ich was trink, kann ich lebhafter denken (…). Wenn ich nichts trink, tut mir das Denken oft direkt weh, besonders über so weltpolitische Probleme.

(Der ewige Spießer)

*

Immer wenn ich einen Tisch seh, hab ich einen leeren Magen.

(Pompeji)

*

Wenn ich geistig arbeite, habe ich immer so einen Mordshunger. Es ist ein Zeichen, daß es mir gut geht, wenn ich viel esse. Wenn ich wenig esse, dann geht's mir nicht so gut, dann ist das ein Zeichen dafür, daß ich geistig nicht ganz frisch bin.

(Geschichten aus dem Wiener Wald)

*

Sie werden mir Recht geben: sobald man etwas im Magen hat, fühlt man sich erleichtert.

(Zur schönen Aussicht)

*

Wenn der Magen knurrt, wird die Geduld, diese Mutter der Phantasie, ungeduldig.

(Die Reise ins Paradies)

*

Ich mag keine Bonbons mehr. Ich werd zu dick.

(Szenisches)

*

Die Leute sind schon katastrophal leichtsinnig. Die überlegen sichs garnicht, an was für einer Überbevölkerung wir leiden! Bloß damit sie nicht aufhören, setzen sie Kinder in die Welt.

(Rund um den Kongreß)

III.

Von Liebe & Ehe, Männern & Frauen

Die Liebe ist wichtiger als jede Überzeugung.

(Fragmente und Varianten)

*

Das ist schön, einen Menschen zu brauchen – aber es ist schlimm für den Menschen, den man braucht.

(Die Unbekannte aus der Seine)

*

Was sich liebt, das läßt sich warten.

(Zur schönen Aussicht)

*

Das bin ich mir einfach schuldig, daß ich in erotischer Hinsicht ein politisch ungebundenes Leben führ – Pardon!

(Italienische Nacht)

*

Du hast in mir drinnen gewohnt und bist aber seit heute ausgezogen aus mir – und jetzt stehe ich da wie das Rohr im Winde und kann mich nirgends anhalten –

(Kasimir und Karoline)

*

Menschen ohne Gefühl haben es viel leichter im Leben.

(Kasimir und Karoline)

*

Wenn einmal die Achtung voreinander geschwunden ist, dann kann auch keine Liebe mehr da sein.

(Geschichten aus dem Wiener Wald)

*

Die Erwachsenen haben keine Gefühle mehr, kann ich Ihnen sagen! Innere Kämpfe? Keine Spur! Und dadurch wachsen sie halt auch nicht. Sie bleiben zurück.

(Rund um den Kongreß)

*

Lieben bereitet mehr Glück als geliebt zu werden.

(Geschichten aus dem Wiener Wald)

⁎

– Jetzt möcht ich in deinen Kopf hineinsehen können, ich möcht dir mal die Hirnschale herunter und nachkontrollieren, was du da drinnen denkst.
– Aber das kannst du nicht.
– Man ist und bleibt allein.

(Geschichten aus dem Wiener Wald)

⁎

Was ist doch das Liebesgefühl für ein Gefühl! Ich glaube, so ähnlich muß es sein, wenn man fliegt. Aber fliegen ist sicher noch schöner.

(Jugend ohne Gott)

⁎

Aber wie ist das halt alles unverständlich mit dem Liebesleben in der Natur! Da ist ein starkes Muß, doch steht es dir frei, mit dem Willen dagegen anzukämpfen, sofern du einen Willen hast.

(Der ewige Spießer)

⁎

Aus Liebe tun sich ja heut nur noch die Kinder was an!

(Der ewige Spießer)

*

Ich meine halt nur, daß man sein Herz unter Umständen leicht an einen unwürdigen Partner verschwenden kann.

(Die Unbekannte aus der Seine)

*

Ich bin nicht zu zweit! Ich mag nicht zu zweit sein! Ich bin allein.

(Kasimir und Karoline)

*

Nehmen wir an, Sie lieben einen Mann. Und nehmen wir weiter an, dieser Mann wird nun arbeitslos. Dann läßt die Liebe nach, und zwar automatisch.

(Kasimir und Karoline)

*

»Es ist nicht gut, daß der Mensch allein sei«, sagt er.
»Finden Sie?«
»Ja, denn sonst verliert er sich in Grübeleien. Und er kann doch nicht denken, d. h. nur begrenzt.«

(Ein Kind unserer Zeit)

*

Die Beziehung zwischen zwei Menschen wird dann erst stark und echt, wenn sie was voneinander haben. Natürlich auch in seelischer Hinsicht.

(Rund um den Kongreß)

*

Das wär ein Witz, wenn ich verheiratet wär.
Ich glaub, ich taug nicht recht dazu.

(Ein Kind unserer Zeit)

*

Alles kann man wiedergutmachen, sogar den ärgsten Riß in jeder Ehe, nur verschnittene Haare nicht! Da müssen erst wieder welche nachwachsen!

(Figaro läßt sich scheiden)

*

Heiraten ist doch kein Kinderspiel. (…) Man erfährt doch so manches, wenn man im selben Haus wohnt.

(Die Unbekannte aus der Seine)

*

Ich hätte schon drei Mal heiraten können, aber es ist nie was daraus geworden, weil ich halt ein Verantwortungsbewußtsein hab.

(Fragmente und Varianten)

*

Ich stell mir vor, daß das Verheiratetsein auch schon sehr schwer ist, aber das Alleinsein ist halt oft noch viel schwerer.

(Szenisches)

*

Es ist ja auch das einzig Wahre – durch und durch muß man sich, bevor man an den Altar tritt, kennen.

(Die Unbekannte aus der Seine)

*

In jeder Ehe gibts nämlich alle sieben Jahre einen Klaps, das ist eine so verflixte metaphysische Regel.

(Figaro läßt sich scheiden)

*

Es scheint ein bestimmtes Gesetz zu geben, daß die Energie der Enkel gleich ist der Energie der Großeltern, also immer eine Generation überspringt.

(Der Mittelstand)

*

Schau, auch mit einer Dame der Gesellschaft läßt sichs leicht essen, vorausgesetzt, daß sie dich für einen Akademiker hält.

(Ein Kind unserer Zeit)

*

Ich schätze naive Frauen. Nur zu rasch übersättigen einen die Raffinierten.

(Revolte auf Côte 3018)

*

Als Frau vergißt man nicht so leicht. Es bleibt immer etwas in einem drinnen.

(Geschichten aus dem Wiener Wald)

*

Offen gesagt: Ich kann mit jungen Mädchen nichts anfangen. (…) Bei jungen Mädchen verschwendet man seine Gefühle an die falsche Adresse. Dann schon lieber eine reifere Frau, die einem auch etwas geben kann.

(Geschichten aus dem Wiener Wald)

*

Das Leben ist hart und eine Frau, die wo etwas erreichen will, muß einen einflußreichen Mann immer bei seinem Gefühlsleben packen.

(Kasimir und Karoline)

*

Und wenns noch so viel Erfolg haben, ein richtiges, ausgewachsenes Mannsbild ist immer eine Hilfe, schon weil jedes verliebte Mannsbild blöd ist!

(Himmelwärts)

*

Als Mensch möchte ich jetzt tot umfallen, aber als Kavalier muß ich mich degradieren lassen.

(Zur schönen Aussicht)

*

Wenn die Männer glücklich sind, dann reden sie gleich dummes Zeug daher.

(Kasimir und Karoline)

IV.

Über das Leben, das Schicksal und das Wesen der Dinge

Ohne Glaube Liebe Hoffnung gibt es logischerweise kein Leben. Das resultiert alles voneinander.

(Glaube Liebe Hoffnung)

*

In meinem Zustand vertrag ich keine Witze über die Freiheit! Dazu ist mir mein Leben zu ernst!

(Pompeji)

*

Es hat doch keinen Sinn, als Vieh durch das Leben zu laufen und immer nur an die Befriedigung seiner niederen Instinkte zu denken –

(Italienische Nacht)

*

Ich pflege mich nicht mehr zu sehnen, das hab ich mir abgewöhnt. Ich pflege nur zu denken, an das Heute und an das Morgen.

(Figaro läßt sich scheiden)

*

Die Illusion ist ein schwankendes Rohr im Winde.

(Ein Dorf ohne Männer)

*

Die Wahrheit wächst im Himmel, doch die Wurzeln der Lüge gedeihen alle so um das Haus herum im täglichen Leben – und der Teufel schleppt noch den Dünger herbei, damit sie besser wachsen.

(Ein Dorf ohne Männer)

*

Wenn ich an Hand der diversen wichtigen Daten meines Lebens mein Alter rekonstruieren würde, dann müßt ich den Trugschluß ziehen, daß ich zirka dreihundert Jahr alt bin – soviel Diverses hab ich nämlich bereits hinter mir.

(Figaro läßt sich scheiden)

*

Mit oder ohne Phantasie – diese heutige Zeit ist eine verkehrte Welt! Ohne Treu, ohne Glauben, ohne sittliche Grundsätze. Alles wackelt, nichts steht mehr fest. Reif für die Sintflut –

(Geschichten aus dem Wiener Wald)

*

Aber es gibt eben in unserem Leben unerforschte Zusammenhänge, die keinen Witz verstehen – das wird mir allmählich klarer.

(Ein Kind unserer Zeit)

*

Ich kenne den Einsatz. Ich kenne das Spiel. Zwar besitz ich nur einen Trumpf, aber ich werde mich wehren bis zum Nichts.

(Mit dem Kopf durch die Wand)

*

Wir sind noch ungeborene Seelen. Wir warten auf den Storch und hoffen, nicht abgetrieben zu werden.

(Sladek oder Die schwarze Armee)

*

Ein neues Leben – hm. Das geht natürlich nicht nach Wunsch.

(Die Unbekannte aus der Seine)

*

In der Natur wird gemordet, das ändert sich nicht. Das ist der Sinn des Lebens, das große Gesetz. Es gibt nämlich keine Versöhnung.

(Sladek oder Die schwarze Armee)

*

Es kommen kalte Zeiten, das Zeitalter der Fische (…) Die Erde dreht sich in das Zeichen der Fische hinein. Da wird die Seele des Menschen unbeweglich wie das Antlitz eines Fisches …

(Jugend ohne Gott)

*

Man hat halt oft so eine Sehnsucht in sich – aber dann kehrt man zurück mit gebrochenen Flügeln und das Leben geht weiter, als wär man dabei gewesen –

(Kasimir und Karoline)

*

Nur nicht die Hoffnung sinken lassen – jeder Mensch hat seinen Sinn im Leben, und wenn nicht für sich selbst, dann für einen anderen.

(Glaube Liebe Hoffnung)

*

Ohne Lüge gibt's kein Leben.

(Ein Kind unserer Zeit)

*

Ich habe keine Angst vor der Wahrheit, ich bin nämlich nicht feig.

(Sladek oder Die schwarze Armee)

*

Über uns webt das Schicksal Knoten in unser Leben.

(Geschichten aus dem Wiener Wald)

*

Auf eine Verspätung soll man sich nicht verlassen.

(Der jüngste Tag)

*

Reue hat noch keiner bereut.

(Der jüngste Tag)

*

Du hast das Wesen der Dinge noch nicht erfaßt. Wir leben in Zeitläuften, wo die Läufte wichtiger sind, als die Menschen. Leider!

(Figaro läßt sich scheiden)

*

Es gibt gewiss Tatsachen, die wir noch nicht enträtselt haben, und diejenigen, die Neuland betreten und kühn vordringen, die haben immer schon Hohn und Spott erdulden müssen!

(Mit dem Kopf durch die Wand)

*

Skeptisch sein ist halt eine Selbstqual – aber was hab ich denn auf der Welt noch zu suchen, wenn mal die Skepsis verboten ist?

(Der ewige Spießer)

*

Die Welt ist zu verlogen, sie will belogen sein!

(Zur schönen Aussicht)

*

Wir sind in der glücklichen Lage, glauben zu dürfen, illusionslos leben zu können. Und das dürfte vielleicht unsere einzige Illusion sein.

(Autobiographisches)

*

Man sollt alle Einfälle der Welt kennen, nicht um von ihnen zu lernen, sondern um sich danach einzurichten.

(Die Reise ins Paradies)

*

Verlieren regt auf, aber verdienen noch mehr – und viel verdienen, das legt sich aufs Herz, denn viel verdienen ist Schmerz, teuer erkaufter Schmerz.

(Pompeji)

*

Alles spielt keine Rolle.

(Jugend ohne Gott)

*

Keiner darf, wie er will.
Und keiner will, wie er darf.
Und keiner darf, wie er kann.
Und keiner kann, wie er soll –

(Geschichten aus dem Wiener Wald)

*

Traum: wunderbar schöne Gefilde unserer Seele? Die nur in uns atmen können. An die Wirklichkeit gesetzt, verwelken sie langsam an ihr.

(Don Juan kommt aus dem Krieg)

*

Ja, der Garten der Kindheit hängt voller goldener Äpfel, aber das Gold ist nichts wert, denn man kann sie essen. Und die Bäume sind höher, die Plätze weiter, die Straßen länger, die Blumen größer, der Schnee weicher – und das alles wird noch viel schöner in der Erinnerung. Der Schnee fällt sanfter und die Pferde können sprechen, die Hunde denken und die Blumenbeete werden zerstört. Die Lehrer werden harmlos, die bösen Parkaufseher personifizierte Engel, alle Gefahren verschwinden, lösen sich auf in wehmutsvoller Erinnerung.

(Die Reise ins Paradies)

*

Es wär schön, wenn man sich wieder mal einen richtigen Rausch leisten könnte, um wieder eine Zukunft zu spüren –

(Ein Kind unserer Zeit)

*

Wie gut haben es doch die Bilder in den Museen! Sie wohnen vornehm, frieren nicht, müssen weder essen noch arbeiten, hängen nur an der Wand und werden bestaunt, als hätten sie Gott weiß was geleistet!

(Der ewige Spießer)

*

In der heutigen Zeit muß man sich einen ungefähren Plan zurecht legen, man muß wissen, was man will, man darf sich nicht treiben lassen.

(Geschichten aus dem Wiener Wald)

*

Wenig wissen ist dumm und viel ist schädlich.

(Don Juan kommt aus dem Krieg)

*

Unerwartet werfen oft die größten Ereignisse ihre Schatten auf uns, aber sie treffen uns nicht unvorbereitet.

(Ein Kind unserer Zeit)

*

Wenn ich nur Geld hätte? Dann wär ja alles in Ordnung, ich weiß zwar, daß Geld allein nicht glücklich macht, aber »alles« ist auch ein relativer Begriff.

(Die Reise ins Paradies)

*

Das findet man allerdings selten, daß man nichts findet!

(Pompeji)

*

Ich bin nicht feig, ich hab nur Respekt vor der Zukunft!

(Figaro läßt sich scheiden)

*

Der Zufall ist eine eigenartige Einrichtung. Eigentlich undramatisch, aber man trifft ihn trotzdem. Ab und zu.

(Zur schönen Aussicht)

*

Wie kurzsichtig die Welt doch ist!

(Figaro läßt sich scheiden)

*

Wenn kein Charakter mehr geduldet wird, sondern nur der Gehorsam, geht die Wahrheit, und die Lüge kommt.

(Jugend ohne Gott)

*

Die Wahrheit hat selten Pointen.

(Erzählungen und Skizzen)

*

Es dürfte zu furchtbar sein, die Nichtigkeit des höchsten Glücks zu sehen.

(Zur schönen Aussicht)

*

Nein – das lasse ich mir auch von Ihnen nicht nehmen, daß ich noch einmal Glück haben werde.

(Glaube Liebe Hoffnung)

*

Das Glück ist eine reine Geldfrage und sonst nichts.

(Ein Kind unserer Zeit)

*

Gott, was sind das für Zeiten! Die Welt ist voller Unruhe, alles drunter und drüber, und noch weiß man nichts Gewisses! Man müßte ein Nestroy sein, um all das definieren zu können, was einem undefiniert im Wege steht!

(Theoretisches, Briefe, Verse)

*

Wir müssen bei einer bestimmten Grenze aufhören zu denken, das ist ein ungeschriebenes Gesetz.

(Sladek oder Die schwarze Armee)

*

Oder: paß ich denn auch nicht mehr in die Zeit?

Unsinn!

Ich bin da und kann nirgends heraus, ich laß mir da nichts dreinreden! Natürlich paß ich in meine Zeit, nur in diese jämmerlichen Autos paß ich nicht hinein!

Ich mag nicht immer im Kreis herumfahren, ich bin ja nicht blöd!

(Ein Kind unserer Zeit)

*

Eigentlich ist man immer allein.

(Ein Dorf ohne Männer)

*

Es gibt keine Gerechtigkeit, das hab ich jetzt schon heraus.

(Ein Kind unserer Zeit)

*

Vorsicht ist die Mutter der Weisheit und Sparsamkeit ist eine Weltanschauung.

(Pompeji)

*

Der Tod ist ein schlechter Kamerad.

(Hin und her)

*

Ich hab mal mit einem Scheintoten gesprochen und der hat gesagt, lieber ein gehetztes Wild im Dickicht, als ein Kaiser unter der Erde! Lieber in einem Himmelbett, als im Himmel.

(Figaro läßt sich scheiden)

*

Man sollte jung sterben. Mit der Zeit wird alles zwecklos.

(Zur schönen Aussicht)

*

Plötzlich fällt es mir wieder auf, wie häufig in unserer Zeit uralte Weisheiten als erstmalig formulierte Schlagworte serviert werden.

(Jugend ohne Gott)

*

Die Sonne scheint einem in die Augen, man hat das Gefühl, sie wollte einen ausbrüten.

(Szenisches)

*

Was haben wir aus unserer Natur gemacht? Eine Zwangsjacke.

(Geschichten aus dem Wiener Wald)

*

Laßt Chrysanthemen sprechen. Blumen lügen nämlich nie.

(Zur schönen Aussicht)

*

Grübl nicht, schau die Sterne – die werden noch droben hängen, wenn wir drunten liegen –

(Geschichten aus dem Wiener Wald)

*

V.

Gedanken über Gott und den Glauben

Komisch: ich glaube an den Teufel, aber nicht an den lieben Gott.

(Jugend ohne Gott)

*

Nämlich das Durchdenken und Durchorganisieren, das sind menschliche Eigenschaften, aber das völlig Sinnlose des Zufalls ist göttlich.

(Der ewige Spießer)

*

Es gibt doch nur schauerlich wenige Menschen, die sich von all ihren religiösen Wahnvorstellungen wirklich befreien können.

(Szenisches)

*

Ich für meine Person glaub ja nicht an ein Fortleben nach dem Tode, aber natürlich glaub ich an ein höheres Wesen, das gibt es nämlich sicher, sonst gäbs uns ja nicht – –

(Geschichten aus dem Wiener Wald)

*

Mich kennt kein Gott. Meine Herren, was ist das: Gott? Ein alter Mann mit einem langen Bart. Was kennt der? Nichts kennt der, denn der lebt zu sehr weit droben, da sieht er auch nur das Ganze, das merkt man nämlich, denn wie es hier unten zu guter Letzt zugeht –

(Sladek oder Die schwarze Armee)

*

Der liebe Gott ist ja nur eine Illusion, um die ausgebeuteten Massen auf ein Jenseits vertrösten zu können.

(Don Juan kommt aus dem Krieg)

*

Wer bestimmt da mit einem Menschen? Wer sagt zu dem einen: Du wirst ein Führer. Zum anderen: Du wirst ein Untermensch. Zum dritten: Du wirst eine dürre, stellungslose Verkäuferin. Zum vierten: Du wirst ein Kellner. Zum fünften: Du wirst ein Schweinskopf. Zum sechsten: Du wirst die Witwe eines Hauptmanns.

Zum siebten: gib mir deinen Arm –

Wer ist das, der da zu befehlen hat?!

Das kann kein lieber Gott sein, denn die Verteilung ist zu gemein.

Wenn ich der liebe Gott wär, würd ich alle Menschen gleich machen. Einen wie den anderen – gleiche Rechte, gleiche Pflichten.

Aber so ist die Welt ein Saustall.

(Ein Kind unserer Zeit)

*

Überhaupt wird der liebe Gott immer überflüssiger.

Wahrscheinlich gibt's ihn überhaupt nicht mehr, denn er läßt sich ja alles gefallen und tut nichts dagegen. Oder scheint es nur so?

(Ein Kind unserer Zeit)

*

Wer aus der Kirche ausgetreten ist, der kämpft für die Befreiung der Menschheit!

(Szenisches)

*

Ich verzicht auf meine himmlische Seligkeit und laß mich gern in der Hölle braten.

(Ein Kind unserer Zeit)

*

Es gibt einen lieben Gott, aber auf den ist kein Verlaß. Er hilft nur ab und zu, die meisten dürfen verrecken. Man müßte den lieben Gott besser organisieren. Man könnte ihn zwingen. Und dann auf ihn verzichten.

(Zur schönen Aussicht)

*

Wir haben keine Erbsünde! Wir Menschen sind ohne Sünde geboren! Warum diese Komplikationen! Nur Kraftvergeudung! Und einzelne haben den Nutzen!

(Szenisches)

*

Ich hab mal Gott gefragt, was er mit mir vorhat – Er hat es mir aber nicht gesagt, sonst wär ich nämlich nicht mehr da – – Er hat mir überhaupt nichts gesagt –

(Geschichten aus dem Wiener Wald)

VI.

Zu Literatur, Kultur & dem Beruf des Schriftstellers

Ich schreibe nichts gegen, ich zeige es nur – ich schreibe auch allerdings nie für jemand, und es besteht die Möglichkeit, daß es dann gleich »gegen« wirkt.

Ich habe nur zwei Dinge, gegen die ich schreibe, das ist die Dummheit und die Lüge. Und zwei, wofür ich eintrete, das ist die Vernunft und die Aufrichtigkeit.

(Theoretisches, Briefe, Verse)

*

Ich kämpfe mit den Waffen der Idee, Sie können mich totschlagen, die Idee stirbt bekanntlich nie, aber Ihre Waffen sind bereits verrostet und werden bald zu Staub.

(Sladek oder Die schwarze Armee)

*

Ich habe immer Angst, daß ich nichts mitzuteilen habe. Alles, was mir passiert, wird im Moment, da es hinter mir liegt, nicht mehr mitteilungswert.

(Die Reise ins Paradies)

*

Ich muß dies Buch schreiben (...) Es eilt, es eilt! Ich habe keine Zeit dicke Bücher zu lesen, denn ich bin arm und muß arbeiten, um Geld zu verdienen, um essen zu können, zu schlafen. Auch ich bin nur ein Kind meiner Zeit. Ich will nicht hungern, ich möchte gut leben. Aber es kommt nicht darauf an, wieviel Bücher man las, denn es dreht sich immer um den Menschen ... es kommt darauf an, ob man hinhören kann.

(Theoretisches, Briefe, Verse)

*

Alle meine bisherigen und so weit ich überblicken kann, alle meine nächsten Stücke haben ein Thema, ein einziges dramatisches Thema: Kampf des sozialen Bewußtseins gegen das asoziale Triebleben und umgekehrt.

(Theoretisches, Briefe, Verse)

*

Die Hauptsache, lieber guter Freund, ist: Arbeiten! Und nochmals: Arbeiten! Und wieder: Arbeiten! Unser Leben ist Arbeit – ohne sie haben wir kein Leben mehr. Es ist gleichgültig, ob wir den Sieg oder auch nur die Beachtung unserer Arbeit erfahren, – es ist völlig gleichgültig, solange unsere Arbeit der Wahrheit und der Gerechtigkeit geweiht bleibt. So lange gehen wir auch nicht unter, so lange werden wir auch immer Freunde haben und immer eine Heimat, denn wir tragen sie mit uns – unsere Heimat ist der Geist. Der Geist, der nichts zu tun hat mit den blöden Schlagworten von Blut und Boden, dieser abwegigen nordischen Erscheinung, dieser Reaktion auf eine Überschätzung des Asphalts. Woher kam dieser Asphalt? Ein Produkt des Großbürgertums. Aber es wäre ein lächerlicher, erbärmlicher Geist, der mit irgendeiner Kaste auch nur irgendetwas zu tun hätte …

(Theoretisches, Briefe, Verse)

*

Wenn man arbeitet, daß heißt: wenn man weiß, was man zu sagen hat, wird auch die lauteste Umwelt nur zu einer stillen Bestätigung des eigenen Wissens – mit anderen Worten: unsereins muß immer egozentrischer werden, damit man immer weniger egoistisch wird … und die einzige Konzession, die man machen muß in einer derartigen Zeit, ist vielleicht rein äußerlicher Natur, indem man sein Wissen in einem Rahmen gestaltet, der für andere noch irgendwo beeinflußbare Nationen das Verständnis erleichtert –

(Theoretisches, Briefe, Verse)

*

Leider bin ich nicht imstande, über irgendeines meiner Stücke irgend etwas zu erzählen. Ich kann meine Stücke nicht erzählen, es ist immer die kürzeste Form, wie ich es ausdrücken kann.

(Theoretisches, Briefe, Verse)

*

Der Schriftsteller ist kein Individualist.

Aber: Nur Freude und Erfolg, d. h. Geldverdienen – das geht nicht!

Damit versündigt er sich gegenüber seinem Talent. Und die Sünde gegen das Talent, das endet in der Hölle des Stumpfsinnes. Er wird alt und nichts. Seine Kinder werden Idioten.

(Theoretisches, Briefe, Verse)

*

Der Sport ist auch ein Fundament zur Entwicklung der Individualität. Aber es ist eine völlig ungeistige Individualität.

(Theoretisches, Briefe, Verse)

*

Daß das Publikum nur Sensation sucht, ist ebenso idiotisch.
Der Kulturwille des Volkes ist stark.

(Theoretisches, Briefe, Verse)

*

Ach, wir armen Kulturmenschen! Wir haben doch garnichts mehr von der Natur.

(Geschichten aus dem Wiener Wald)

*

Die vornehmste Aufgabe des Schriftstellers ist es vernünftig zu sein.

(Theoretisches, Briefe, Verse)

*

Aber es gibt nur eine wahrhafte Zensur: das Gewissen! Und das dürfen wir nie verlassen.

(Theoretisches, Briefe, Verse)

*

Es ist der Vorteil der Zensur immer schon gewesen, daß der Zensurierte sich anstrengen muß, Bilder zu finden. Die Zensur fördert also die Bildbegabung, die visionäre Schau, mit anderen Worten: aus der Zensur entsteht das Symbol. Und auch kein dichterisches Bild. Denn ein dichterisches Bild, das der Zensur gefällt, ist kein dichterisches Bild, sondern die Träumerei einer unbefriedigten Briefschreiberin.

(Theoretisches, Briefe, Verse)

*

Die Leute gehen ins Theater, um sich zu unterhalten, um sich zu erheben, um eventuell weinen zu können, oder um irgend etwas zu erfahren. Es gibt also Unterhaltungstheater, ästhetische Theater und pädagogische Theater. Alle zusammen haben eins gemeinsam: sie nehmen dem Menschen in einer derartigen Masse das Phantasieren ab, wie kaum eine andere Kunst – Das Theater phantasiert also für den Zuschauer und gleichzeitig läßt es ihn auch die Produkte dieser Phantasie erleben. Die Phantasie ist bekanntlich ein Ventil für Wünsche – bei näherer Betrachtung werden es wohl asoziale Triebe sein, noch dazu meist höchst primitive. Im Theater findet also der Besucher zugleich das Ventil wie auch Befriedigung (durch das Erlebnis) seiner asozialen Triebe.

(Theoretisches, Briefe, Verse)

*

Das Theater als Kunstform kann nicht untergehen, aus dem einfachen Grunde, weil die Menschen es brauchen. Für mich ist das eine selbstverständliche, bestehende Tatsache. Das Theater phantasiert für den Zuschauer, und gleichzeitig läßt es ihn auch die Produkte der Phantasie erleben.

(Interview)

*

Auf dem Lande besteht die Gefahr des Romantischwerden. Der sogenannten neuen Illusion.

(Theoretisches, Briefe, Verse)

*

Es ist natürlich leicht zu sagen, daß die Stadt den Ton angibt und nicht das Land. Daß das Land kulturell tot ist, unfähig zur Erzeugung einer neuen Kultur, daß die Antwort im Handumdrehen lediglich oberflächlich formulieren kann, und zwar so: in der Großstadt habe ich mehr Eindrücke, sehe ich mehr und wichtigeres für unsere Zeit als auf dem Lande.

(…)

Es ist klar, daß die Stadt den Ton angibt, du kannst am Dorfe draußen auch all die Zeitungen lesen, aber es fehlt dir das Fluidum der Wandlung. Es bildet sich eine neue Menschheit, auf dem Lande heraußen wirst du zum Beobachter, es fehlt dir die Atmosphäre der neuen Menschen.

Du lebst auf dem Lande in der sozialen Schicht, die untergeht.

Und dann ist noch eine Gefahr auf dem Lande, das ist die Stille. Unter Stille verstehe ich nun natürlich nicht die Geräuschlosigkeit, die man sich zum Arbeiten auch in der Großstadt beschaffen kann.

Es ist die Stille der Atmosphäre, des Stillstands.

(Theoretisches, Briefe, Verse)

*

Berlin, das die Jugend liebt, und auch etwas für die Jugend tut, im Gegensatz zu den meisten anderen Städten, die nur platonische Liebe kennen.
Ich liebe Berlin.

(Theoretisches, Briefe, Verse)

VII.

Sportmärchen

Der Faustkampf, das Harfenkonzert und die Meinung des lieben Gottes

! k. o. !! k. o. !!!

heulten grelle Plakate in die Stadt; und der eines überhörte, dem sprangen drei ins Gesicht:

! k. o. !! k. o. !!!

Und nur ein einziges Zeitschriftlein wagte zu widersprechen; aus eines schwindsüchtigen Buchladens schmalbrüstiger Auslage wisperte sein fadenscheiniges Stimmlein: Harfenkonzert – Harfenkonzert –

Tausende gingen vorbei bis einer es hörte; und das war ein grauer grober Mann, der sogleich stehen blieb; auf seine niedere Stirne zogen finstere Falten und aus seiner Tasche quoll ein großer gelber Zettel, den er knurrend auf das Fenster der Auslage klebte; und der Zettel brüllte bereits kaum die Scheibe berührend derart durchdringend, daß Männlein und Weiblein von weitumher zusammenliefen:

! k. o. !! k. o. !!!

Da verstummte das Zeitschriftlein, denn nun schwand auch seine letzte Hoffnung; und in dem Schatten, den das tobende Plakat auf sein kleines Titelblatt warf, ward es sich klar, daß seine Sache im Sterben sei. Und es schlich aus der Auslage, riß sich in Stücke und erhängte sich an einem gewissen Orte.

Später, als man das dem lieben Gott mitteilte, da zuckte er die Achsel und meinte:

»Hja, mein Gott –«

Start und Ziel

Manchmal plaudern Start und Ziel miteinander.
Es sagt das Ziel:
»Stände ich nicht hier – wärest du ziellos!«
Und der Start sagt:
»Das ist schon richtig; doch denke: wäre ich ziellos – was dann?«
»Das wäre mein Tod.«
Da lächelt der Start:
»Ja ja – so ist das Leben, Herr Vetter!«

Der sichere Stand

Einst kletterte ein Kletterer über einen berüchtigten ungemein brüchigen Grat empor – und fürwahr! er war ein kühner Bursche: denn selbst von Zacken mit Zipperlein (die nur noch den erlösenden Rülps ersehnten um die Fahrt nach dem Friedhof tief unten im Kar antreten zu können) rief er denen, die hinter ihm herkletterten, zu:

»Kommt immer nur nach! Habe sicheren Stand!«

Und einmal hielt er sich gar nur mit zwei Fingerspitzen der linken Hand an einem kaum sichtbaren Griff, doch schon rollte er rasch mit der Rechten das Seil ein und schrie:

»Sicherer Stand!«

– da seufzte sein Griff und brach ab: kopfüber flog er aus der Mutterwand und mit ihm unser Kletterer, während ein scharfer Stein schmunzelnd das Seil durchbiß – und erst nach gut fünfhundert Metern klatschte er wie eine reife Pflaume auf eine breite Geröllterrasse. Aber sterbend schrie er noch seinen Gefährten zu:

»Nachkommen! Sicherer Stand!«

War das ein Optimist!!

Legende vom Fussballplatz

Es war einmal ein armer kleiner Bub, der war kaum sieben Jahre alt, aber schon loderte in ihm eine Leidenschaft: er liebte den Fußball über Alles.

Bei jedem Wettspiel mußt er dabei gewesen sein: ob Liberia gegen Haidhausen, ob Beludschistan gegen Neukölln – immer lag er hinter einem der Tore im Grase (meistens bereits lange vor Beginn) und verfolgte mit aufgerissenen runden Kinderaugen den mehr oder minder spannenden Kampf. Und wenn ein Spieler grob rempelte, ballten sich seine Händchen erregt zu Fäusten und mit gerunzelter Stirne fixierte er finster den Übeltäter. Doch wenn dann vielleicht gar gleich darauf des Schicksals Laune (quasi als Racheakt) ein Goal schoß, so tanzte er begeistert und suchte strahlend all den Anderen, die um ihn herum applaudierten, ins Antlitz zu schauen. Diese Anderen, die neben ihm lagen, waren ja meistens schon um ein oder zwei Jahre älter und andächtig horchte er, wenn sie sich in den ungeheuerlichsten hochdeutschen Fachausdrücken, die sie weiß Gott wo zusammengehört hatten, über die einzelnen Spieler und Clubs ergingen; ergriffen lauschte er trüben Weissagungen, bis ihn wieder ein wunderbar vollendet geköpfter Ball mit sich riß, daß sein Herz noch höher flog wie der Ball.

So saß er oft im nassen Grase. Stundenlang.

Der Novemberwind schmiegte sich an seinen schmalen Rücken, als wollt er sich wärmen und hoch über dem Spielplatz zog die Fieberhexe ihre Raubvogelkreise.

Und als der Schlußpfiff verklungen war, da dämmerte es bereits; der kleine Bub lief noch einmal quer über das Feld und ging dann allein nach Hause. In den leeren Sonntagsstraßen war es ihm einigemale als hörte er Schritte hinter sich: als schliche ihm jemand nach, der spionieren wolle, wo er wohne. Doch er wagte nicht umzuschauen und beneidete den Schutzmann, der solch große Schritte machen konnte. Erst zuhause, vor dem hohen grauen Gebäude, in dem seine Eltern den Gemüseladen hatten, sah er sich endlich um: ob es vielleicht der dicke Karl ist mit dem er die Schulbank teilt und der ihn nie in Ruhe läßt – aber es war nur ein dürres Blatt, das sich mühsam die Straße dahinschleppte und sich einen Winkel suchte zum Sterben.

Und am Abend in seinem Bette fror er trotz tiefroter Backen; und dann hustete er auch und es hob ihn vornüber, als haute ihm der dicke Karl mit der Faust in den Rücken.

Nur wie durch einen Schleier sah er seiner Mutter Antlitz, die am Bettrande saß und ihn besorgt betrachtete; und er hörte auch Schritte im Zimmer, langsame, hin und her: das war Vater.

Der Nordwind hockte im Ofenrohr und zu seinem Gesumm fingen Regenbogen an einen Reigen um ihn zu tanzen. Er schloß die Augen. Da wurd es dunkel. Und still.

Doch nach Mitternacht wich plötzlich der Schlaf und feine Fingerknöchelchen klopften von außen an die Fensterscheibe – und er hörte seinen Namen rufen – »Hansl!« rief eine sanfte Stimme – »Hansl!«

Da erhob sich der kleine Bub aus seinem Bette, trug einen Stuhl vor das Fenster, erkletterte ihn und öffnete –: draußen war tiefe stille Nacht; keine Trambahn läutete mehr und auch die Gaslaterne an der

Ecke war schlafen gegangen und – vor seinem Fenster im vierten Stock schwebte ein heller Engel; der ähnelte jenem, welcher Großvaters Gebetbuch als Spange umschloß, nur, daß er farbige Flügel hatte: der linke blau und gelb: das waren·die Farben des Fußballvereins von Oberhaching; der rechte rosa und grün: das waren die Farben dessen von Unterhaching; seine schmalen Füße staken in purpurnen Fußballschuhen, an silberner Sternenschnur hing um seinen Schwanenhals eine goldene Schiedsrichterpfeife und in den durchsichtigen Händen wiegte sich ein mattweißer Fußball.

»Schau –« sprach der Engel – »schau!« und köpfte den Ball kerzengerade in die Höhe; der flog, flog – bis er weit hinter der Milchstraße verschwand.

Dann reichte der Himmlische dem staunenden Hansl die Hand und lächelte: »Komm mit – zum Fußballwettspiel –« Und Hansl ging mit.

Wortlos war er auf das Fensterbrett gestiegen und da er des Engels Hand ergriffen, da war es ihm als hätte es nie einen dicken Karl gegeben. Alles war vergessen, versank unter ihm in ewigen Tiefen – und als die beiden an der Milchstraße vorbeischwebten fragte der kleine Bub: »Ist es noch weit?«

»Nein«, lächelte wieder der Engel, »bald sind wir dort.«

Und weil Engel nie lügen leuchtete bald durch die Finsternis eine weiße rechteckige Fläche, auf die sie zuflogen. Anfangs glaubte Hansl es wäre nur ein Blatt unliniertes Papier, doch kaum, daß er dies gedacht hatte, erfaßte sein Führer auch schon den Rand; nur noch ein Klimmzug – und es war erreicht!

Doch wie erstaunte da der kleine Bub!

Aus dem Blatt unliniertem Papier war eine große Wolke geworden, deren Oberfläche ein einziger herrlich angelegter Fußballplatz war; auf buntbewimpelten Tribünen saßen Zuschauer wie sie in solcher Zahl unser Kleiner noch bei keinem Wettspiel erlebt hatte. Und das ganze Publikum erhob sich zum Gruß und aller Augen waren voll Güte auf ihn gerichtet, ja selbst der Aufseher, der ihn doch sonst immer sofort hinter das Tor in das nasse Gras trieb, führte ihn unter fortwährenden Bücklingen auf seinen Platz: Tribüne (!) Erste Reihe(!!) Mitte(!!!)

»Wie still nur all die Leute sind!« meinte der kleine Bub.

»Sehr recht, mein Herr«, lispelte der Aufseher untertänig, »dies sind ja auch all die seligen Fußballwettspielzuschauer.«

Unten am Rasen losten die Parteien nun um die Sonne-im-Rücken-Seite und – »das sind die besten der seligen Fußballspieler«, hörte Hansl seinen Nachbar sagen; und als er ihn ansah nickte ihm dieser freundlich zu: da erkannte er in ihm jenen guten alten Herrn, der ihn einst (als Borneo gegen Alaska verlor) vor dem dicken Karl verteidigte; noch hielt er den Rohrstock in der Hand mit dem er dem Raufbold damals drohte. Wie der dann lief!

Unermeßliche Seligkeit erfüllte des armen kleinen Buben Herz. Das Spiel hatte begonnen um nimmermehr beendet zu werden und die Zweiundzwanzig spielten wie er noch nie spielen sah. Manchmal kam es zwar vor, daß der eine oder andere dem Balle einfach nachflog (es waren ja auch lauter Engel) doch da pfiff der Schiedsrichter (ein Erzengel) sogleich ab: wegen unfairer Kampfesweise.

Das Wetter war herrlich. Etwas Sonne und kein Wind. Ein richtiges Fußballwetter.

Seit dieser Zeit hat niemand mehr den armen kleinen Buben auf einem irdischen Fußballplatze gesehen.

Regatta

Tausend Fähnlein flattern im Wind:
regettete regattata
In hundert Segel speit der Wind:
Huuuu –
Einer wird Erster, einer wird Letzter:
Regatta!
Einer ist munter:
regattattatatararaaa!!!
Einer geht unter:
r.

Vom artigen Ringkämpfer

Manche Menschen besitzen das Pech zu spät geboren worden zu sein. Hätte zum Beispiel der Ringkämpfer, den dies Märlein des öfteren ringen sah, Sonne und Sterne nur tausend Jahre früher von der Erde aus erblickt, so wäre er wahrscheinlich Begründer einer Dynastie geworden – so aber wurd er nur Weltmeister.

Nichtsdestotrotz war er artig gegen jedermann. Selbst gegen unartige Gegner, selbst gegen ungerechte Richter. Nie hörte man ihn murren – er verbeugte sich höflich und rang bescheiden weiter; und legte alles auf beide Schultern.

So ward er Beispiel und Ehrenmitglied aller Ringkämpfer-Kongregationen.

Eines Nachts nun (es war nach seinem berühmten Siege über den robusten kannibalensischen Herkules) setzte sich Satan in persona an sein Bett und sprach wie eine Mutter zu ihrem Kinde:

»Ach, du mein artiges zuckersüßes Würmchen, wenn du mir folgst und den bösen Erzengel besiegst, so schenk ich dir auch etwas Wunderwunderschönes!«

»Was denn?« frug gar neugierig unser braver Ringkämpfer. »Die Welt!« flüsterte Satan und stach mit dem Zeigefinger in die Luft.

Doch da gähnte der artige Knabe:

»Danke dafür – bin ja bereits Weltmeister.«

VII. Kapitel

Vom unartigen Ringkämpfer

War das ein unartiger Ringkämpfer!

Wie der kratzte, pfauchte, biß und schlug! Haare ausriß, Bein stellte und Finger brach (selbst wenn der Gegner nur seine Hälfte wog!) – bei Gott! es war platterdings das unsportlichste Ungeheuer, das jemals die Matte entweihte!

Und wie eitel er war!

Sah über alles hinweg (wohl weil sein kurzes Köpfchen kraft seines Corpus alles überragte) und sprach nur mit dem Spiegel, vor dem er gar gerne, manchmal sogar schäkernd, seine Muskeln spielen ließ. Und als er sieben Jahre unbesiegt blieb, schwor er schier jeden Eid, daß es vor ihm noch nie einen Weltmeister gegeben habe.

Eines Abends nun kam er an einem alten Kloster vorbei, dessen Kirchlein sich einst einen Turm gebaut, wohl um des lieben Gottes Stimme besser erhören zu können. Und rings um das Zifferblatt auf seiner Stirne mahnten die Worte aus Stein:

»Unser Herr Tod
Kennt kein Gebot«

Als dies der unartige Weltmeister las, da fuhr ihm die Schlange Übermut ganz in den Bauch und juckte ihn dortselbst derart, daß er mit seinen Riesenhänden das Türmlein um den Hals packte; und feist grinsend preßte er dessen Kehle zu – bis die Turmspitze entseelt herabhing, wie eines Erhängten Kopf in Zipfelmütze.

Nach dieser Untat verschwand unser starker Mann überaus befriedigt in dem Gasthof um die Ecke, zum »Asketen Sport«. Dort trank er roten und weißen Ungarwein und ließ die Päpstin der Amazonen hochleben – denn dies war die einzige Frau, die er schätzte.

Und als er sie das siebenundsiebzigstemal hochleben ließ, da ward er plötzlich von dem Verlangen nach jener Einsiedelei geplagt, von der die Sage geht, daß man sie meistens nur durch einen hinteren Ausgang erreichen kann. Dort schrieb er, während er sich entleerte, mit Kreide an die Wand:

»Unser Herr Tod
Kennt kein Gebot«

Da traf ihn der Schlag.

Ein anderer Weltmeister war eingetreten und legte den unartigen Ringkämpfer auf beide Schultern, obwohl er körperlich weit leichter war, denn er bestand ja nur aus Knochen – Aber er besaß eine brillante Technik!!

VII. Kapitel

Der grosse und der kleine Berg

Als einst der große Berg, der vor lauter Erhabenheit schon schneeweiß geworden war, dem kleinen Berge gebot:

»Staune ob meiner Größe!«

antwortete jener Felsenzwerg schnippisch nur dies:

»Wieso?«

Da reckte sich der Riese und sein Scheitel berührte die Wolken, als stünde Goliath in einer niederen Bauernstube – und durch seine drohende Stimme lief das Grollen der Lawinen: »Ich bin der Größere!«

Doch der kleine Berg ließ sich nicht einschüchtern:

»Aber ich bin der Stärkere!«

Wie lachte da der große Berg!

Doch der Kleine wiederholte stolz:

»Ich bin der Stärkere, denn ich bin der Schwierigere! Du wirst bei unseren Feinden, den Bergsteigerkreisen, nur als leicht belächelt, ich hingegen werde als sehr schwierig geachtet und gefürchtet. Mich ersteigen jährlich höchstens sieben! Und dich –? Blättere nur mal nach in deinem Gipfelbuch, dort steht der Unterschied unverfälschbar!«

Auf das sichere Auftreten des bisher (über die Achsel) Angesehenen hin wurd der Große doch etwas stutzig und blätterte stirnrunzelnd in seinem Gipfelbuche und – oh, Graus!

–: Namen, Namen, zehntausende! und was für Namen!! fünfjährige Kinder und achtzigjährige Lehrerinnen!!

Er zitterte.

Da bröckelten Steine aus seiner Krone und wurden als Steinschlag eines Bergsteigers Tod, der wenn er seinen Namen in ein Gipfelbuch schrieb, immer nur dies dachte:

»Berge! staunet ob meiner Größe!«

Und als dies der große Berg erfuhr, sagte er nur:

»Wehe mir!«

Was ist das?

Zwei Schwergewichte werden als Zwillinge geboren und hassen sich schon in der ersten Runde ihres Daseins. Aber nie reicht die Kraft, um den anderen im freien Stil zu erwürgen, nie wirken die heimlich im Ring verabreichten Gifte genügend gefährlich und alle Schüsse aus dem Hinterhalt prallen von den zu Stein trainierten Muskelteilen (vom Gürtel aufwärts!) ab.

Und so leben die beiden neunzig Lenze lang.

Aber eines Nachts schläft der eine beim offengelassenen Fenster, hustet dann morgens und stirbt noch am selbigen Abend.

Was ist das?

Ein Punktsieg.

VII. Kapitel

Stafetten

Nur an der Schaltjahre Schalttagen treffen sich die Brüder Stafetten zu einem gemütlichem Plausch.

Die Stafette von und zu Ski erzählt von korrekt verschneiten Tannenwäldern, drolligen Lawinenkindern, neckisch vereisten Stellen und störig verharschten Sprunghügeln.

Die Stafette aus dem Stadion ergeht sich in Prophezeiungen über die Aussichten der guten und schlechten Starts anläßlich einer Nachricht über Möglichkeit der Abhaltung des jüngsten Gerichts und liest zwecks seelischer Gesundung mahnende Stellen aus dem Werke »Das ewige Übergeben« vor.

Die Schlittschuhstafette propagiert mit einem Temperament, das der Laie ihrer eisgrünen Hornbrille niemals zutraute, die Erbauung künstlicher Eisbahnen – wegen der immer mehr zunehmenden Impotenz der Stadtwinter.

Und die Schwimmstafette gibt Ergötzlichkeiten aus Wiesenbächen und Weltmeeren zum besten; unter anderem, von einer neuentdeckten Sardinenart, für die der freie Stil ein Buch mit sieben Siegeln sei, und von menschenfressenden träumerischen Tiefseelilien.

Zu all dem trinkt man köstlichen Kaffee und raucht seinen Lieblingstabak.

Kurzum:

unvergeßliche Stunden!

Wintersportlegendchen

Wenn Schneeflocken fallen binden sich selbst die heiligen Herren Skier unter die bloßen Sohlen. Also tat auch der heilige Franz.

Und dem war kein Hang zu steil, kein Hügel zu hoch, kein Holz zu dicht, kein Hindernis zu hinterlistig – er lief und sprang und bremste derart meisterhaft, daß er nie seinen Heiligenschein verbog.

So glitt er durch winterliche Wälder. Es war still ringsum und – eigentlich ist er noch keinem Menschen begegnet und auch keinem Reh. Nur eine verirrte Skispur erzählte einmal, sie habe ihn auf einer Lichtung stehen sehen, wo selbst er einer Gruppe Skihaserln predigte. Die saßen um ihn herum im tiefen Schnee, rot, grün, gelb, blau – und spitzten andächtig die Ohren, wie er so sprach von unbefleckten Trockenkursen im Kloster »zur guten Bindung«, von den alleinseligmachenden Stemmbögen, Umsprung-Ablässen und lauwarmen Telemarkeln. Und wie erschauerten die Skihaserln, da er losdonnerte wider gewisse undogmatische Unterrichtsmethoden!

VII. Kapitel

Vom wunderlichen Herrn von Bindunghausen

I.

Wächtengleich droht des Herrn von Bindunghausen Burg dort droben auf jenem Sprunghügel, der trutzig verharscht in lawinenloser Landschaft wurzelt.

Seht Ihr? – rings gleiten die eisblauen Berge als das ideale Skigelände in den glattgefrorenen See, an dessen Gestaden Seehundfelle röhren; und nirgends findet der Wanderer Straßen, nur Bobbahnen und statt der Pfade Rodelbahnen – und an so mancher stimmungsvollen Kurve mahnt zum inneren Bremsen ein Kreuz aus ungleichem Schneeschuhpaar.

Sanft überwölbt der silbergraue Himmel Bilder emsiger Arbeit: um dereinst magere Jahre zu mästen verspeichert sich heute die Pulverschnee-Ernte, dort drinnen, wo das Skifett sich konserviert, des Burgherrn pikanteste Delikatesse.

Und der Gemächer Wände verkünden aus großer Zeit der Vorfahren Ruhm: da hängen Schneereifenschilde, Skistocklanzen und krumme Säbel aus Schlittschuhstahl. Und der Wappen derer von Bindunghausen spricht: »Nur auf die Bindung kommt es an!« – (was aber angezweifelt werden kann)

Wahrlich: ein bezaubernder Besitz!

II.

Des Nachts, wenn am Hochgericht Sturm, Strick und Rad musizieren, besucht ihn die wilde Jagd – und jedesmal wieder führt er die Gäste gerührt in jenen einfachen Anschnallraum, in welchem König Winter MLXXVII. das letztemal nächtigte, als er gen Süden zum Frühling nach Canossa zog.

III.

Leitartikel las er nur schlittschuhlaufend: Bogen links, Bogen rechts, Dreier, Dreiersprung, sprungpung – pung! da saß er am Hintern und tief im Teiche rief der Wassermann: »Herein!« Denn man darf nicht aufhören zu hoffen.

So dachten auch die Nixlein unterm durchsichtigen Eis und zwinkerten ihm, wenns dämmerte aus Schlingpflanzen zu:

»Kleiner komm runter –«. Sie waren zwar recht kitschig, doch nichts Menschliches blieb ihm fremd.

IV.

Obwohl er durchaus kein Wüstling war, dürfte wohl seinem Geschlechtsleben auch der gebildete Laie Interesse entgegenbringen.

Wahrscheinlich weil er wintersportlich empfand, reizten ihn nur weibliche Schneemänner. Wie peinlich für ihn, falls es mal zu sehr fror, doch um wie viel peinlicher für die Frauen, wenn er mal zu sehr transpirierte!

Seine angetraute Gemahlin war jene zweieinhalbmeter hohe nibelungenhaft herbe Erscheinung, die ihm bereits sieben rassereine Albinos gebar: bei roten Äuglein weiß an Haut und Haar. Mutter und Kinder stellten fürwahr malerische Familienbilder.

Und gar oft führte geile Intuition seine Finger und er formte am nahen Übungshügel Dicke, Dünne, Große, Kleine, Reife – so fröhnte er seiner Gefrierfleischeslust.

V.

Weltberüchtigt war die große Kurve, die noch von niemandem befriedigend bezwungen worden war. Dieselbe richtig zu nehmen, war des Herrn von Bindunghausen Lebensziel – »dann erst« so sprach er zu seinen Söhnen »kann ich ruhig sterben. Denn Leben heißt Kurven nehmen.« – –

Über das Meer

Sowohl noch nie als auch schon oft habt Ihr folgende Geschichte gehört:

Ein nüchternes Brustschwimmen wollte nach Amerika. Es sprang zu Le Havre ins Meer und schwamm –

Tagelang. Jahrelang.

Jedoch mitten im Meere wurde es müd. Schlief ein und träumte –

Tagelang. Jahrelang.

Und erwachte als romantisches Rückenschwimmen.

Aus einem Rennradfahrerfamilienleben

Er überrundet bereits die sechste Nacht im Sportpalast – und sein Endspurt zwingt den Zeitrichter die Lichtsekundenstoppuhr zu zücken!

Inzwischen streitet zuhause seine Frau mit der Nachbarin:

»Was? ich habe ein Rad zuviel? Ja – gibt es denn ein Rad mit weniger als zwei Rädern?!«

Und was schreibt wohl dem Weihnachtsmann dieser beider Kindlein, das fast auf einem Damenrade geboren wurde, wäre seine geistesgegenwärtige Mutter nicht noch im allerletzten Augenblicke abgesprungen?

Es schreibt:

»Du guter Weihnachtsmann
gib, daß ich bald kann
radfahren um häuslichen Herd
rascher als Mond um Erd«

Dann schläft es ein und träumt, während Vater siegt und Mutter Reifen flickt, von Motorradelfen und dem Prinzeßlein im Beiwagen; und von Kühlerkobolden auf Märchenkraftwagen und den sieben radfahrenden Geislein, Bremshexen und Übersetzungsschlänglein –

Begegnung in der Wand

Als einst der geübte Bergsteiger von einer hehren Alpenzinne herabkletterte, begegnete er in der sich nach unten zu einem äußerst schwierigen Kamin verengenden plattigen Rinne dem ungeübten Bergsteiger.

Der lag schon seit einigen Jahren an dieser Stelle. Kopfabwärts. Sein Rückgrat war gebrochen und lugte nun aus seiner Kehle wie eine schlechtsitzende Kravatte; dadurch hing sein Schädel hinten herunter als hätt er den Hals vergessen. Statt Kleider flatterten im kühlen Bergwind nur Fetzen der Wickelgamaschen um seine Knochen, auf denen sich am relativ besten die Fleischteile über der Brust behaupteten.

Und er besaß nur mehr einen Arm, denn der andere hatte bereits zu letzt Frühjahr seinen Rumpf verlassen und war nach unten in die finstere Randkluft geflogen. Das Fliegen hatte jener wahrscheinlich den Jochgeiern abgeguckt, denen die Augen seines Herrn seinerzeit als Leckerbissen mundeten. Da nun der geübte Bergsteiger neben diesem Wesen an der Wand klebte, sprach er nach kurzem Gruße:

»Wenn ein Ungeübter mit solch Schuhzeug (geschweige denn Kletterschuhe) hier herunterklettert, obendrein allein, so hab ich kein Mitleid!«

»Verzeihen Sie –« erwiderte der ungeübte Bergsteiger »verzeihen Sie, daß als ich noch klein war über meinem Bette ein Gebirgsbild hing; denn seit jenen Jahren hört ich sie singen in mir: die Sehnsucht nach den blauen Bergen – ohne jemals auch nur einen Hügel erblickt zu haben. Und dies war meine erste –«

»Man merkts«, unterbrach ihn der Geübte und hielt sich die Nase zu.

»Jaja!« nickte die Leiche und lächelte leise. »Sichere Kletterer behalten immer Recht: es duftet nicht nach Hyazinthen – jedoch ich hoffe Sie werden mir trotzdem einen Gefallen tun: wenn Sie auch kein Mitleid mit mir haben. Aber ich sehe: Sie sind geübt und gelangen daher wieder heil hinab ins Tal. Und ich bitte: wären Sie nicht so liebenswürdig diese Postkarte, die ich bereits vor zwei Sommern an meine Mutter in Tilsit schrieb, mitzunehmen und in einen Briefkasten zu befördern?«

»Warum nicht?«

»Warum ja? – haben Sie Angst?«

»Geben Sie die Karte her!« schrie da der Sichere – und kaum fühlte er sie in der Hand, kletterte er fluchtartig, als drohten ihm Gewitterfinger, fort ohne Gruß von dem redseligen Leichnam.

Doch dieser hat ihm noch freundlich nachgewunken mit seinem einen Arm: als er unten über den Ferner lief – bis er verschwand: dort hinter dem Bukkel wo die Hütte liegt im Tal, das schon ganz in Schatten versank.

Und bald umrangen auch Nachtnebel grau die verlassenen Gipfel und die Dunkelheit hielt Hochzeit im stillen Kar. Und irgendwo sang ein Salamander Ständchen –

Da grub der ungeübte Bergsteiger aus einer Felsenspalte einen Führer hervor und las nach, welch Wand oder Grat seiner blauen Berge er noch nicht erklettert hat.

Denn die Nächte gehören den Abgestürzten.

Die Mauerhakenzwerge

Unzählbare Mauerhaken stecken in Spalten und Falten der Felsen. Auf diesen turnt in Neumondnächten ein gar lustiges Völklein: die Mauerhakenzwerge.

Da machen sie Handstand und Purzelbaum und nie kugelt einer herunter, denn sie sind derart winzig leicht, daß sie in der Luft klettern, wie wir, beispielsweise, in einem Kamin. Aber am Tage bleiben sie unsichtbar und treiben mit den Bergsteigern harmlosen Ulk. So unter anderem, wenn einer klettert, kneifen sie ihn in die Ohren oder krabbeln an seiner Nase, damit er sich kratzen muß; und kichern wenn er flucht.

Gerät aber ein Gerechter in Lebensgefahr und finden seine zitternden Glieder weder Griff noch Tritt – so schweben die Mauerhakenzwerge heran und schmiegen sich dort an die Wand, wo er gerade einen Griff oder Tritt erfleht: wie ein Bienenschwarm mit weißen wallenden Bärten unter Tarnkäppchen und lassen sich als Stufe benützen – und der solch Stelle überwand, wundert sich hernach selber, wie dies nur möglich gewesen sei!

Freilich: an die braven Mauerhakenzwerge denkt keiner.

Und es sind doch so sehr sympathische Leute!

VII. Kapitel

Die Eispickelhexe

Hoch droben in dem Lande in dem es weder Wälder noch Wiesen nur zerklüftete Eisäcker gibt, dort haust die Eispickelhexe.

Statt den Zehen wuchsen ihr Pickelspitzen und ihre Zähne sind klein und aus blauem Stahl. Ihre Brüste sind mächtige Hängegletscher und – trinkt sie Kaffee mit Gemsenblut, darf niemand sie stören. Nicht einmal die Mauerhakenzwerge.

Sie ist aller Eispickel Schutzpatronin.

Drum in den Nächten auf den Hütten, wenn jene sich unbeobachtet meinen, schleichen sie aus den Schlafräumen ihrer Herrn: von den Haken herab, aus den Ecken heraus, unter den Bänken hervor – unhörbar zur Türe hinaus. Dort knien sie nieder und falten ihre Pickelschlingen und beten zum Schutzpatron um guten Schnee –

Die Beratung

Es war einmal ein Bergsteiger, der vernachlässigte in gar arger Weise seine Ausrüstung. Das ließ sich diese aber nicht länger mehr gefallen und trat zusammen zur Beratung.

Die Nagelschuhe fletschten grimmig die Zähne und forderten, da er sie ständig fettlos ernähre, seinen sofortigen Tod. Darin wurden sie vom Seil unterstützt. Die Kletterschuhe zeigten ihre offenen Wunden dem Rucksack, der noch etwas ungläubig tat, da er erst gestern aus dem Laden gekommen war, und erzählten ihm erbebend den jeglicher Zivilisation hohnsprechenden Martertod seines Vorgängers. Der Eispickel bohrte sich gehaltvoll bedächtig in den Boden und sprach: »Es muß anders werden!« Und die Windjacke kreischte empört: »Er zieht mich sogar in der Stadt an!«

Endlich ward man sich einig über seinen Tod bei der nächsten Tour:

Die Windjacke sollte sich zuhause verstecken um überhaupt nicht dabei zu sein. Zuerst müßten dann die Nagelschuhe, vornehmlich mit ihren besonders spitzen Absatzzähnen, seine Fersen und Sohlen blutig beißen. Später in der Wand wird ihn der Rucksack aus dem Gleichgewicht bringen, wobei sich die Kletterschuhe aalglatt zu benehmen haben – und sogleich wird der Pickel in seine Gedärme dringen und das Seil ihn mit einer Schlinge erwürgen.

Jedoch zu selbiger Zeit glitt der Bergsteiger auf der Straße über eine Apfelsinenschale und brach sich das Bein. Und – er würde sicher nicht mehr fluchen, daß er nun nie mehr in die Berge kann, wüßte er von der Beratung.

VII. Kapitel

Aus Leichtathletikland

Als jener geniale Mensch, der als erster seines Geschlechtes aus der Baumwipfelheimat zu Boden sprang – da wurd die Leichtathletik geboren.

Zu jenen Zeiten wuchs in allen Ländern nur Urwald – und schüchtern schritt das Gehen durch Dickicht und Dschungel. Doch eines Abends grunzte im Moor das Riesenschwein und wieder verdämmerte ein Zeitalter; ein neues pochte an die Pforten unseres Planeten: denn nun *lief* das Gehen! Jedoch erst vieltausend Jahre später teilte der Häuptling die Menschheit in Kurzstrecken- und Langstreckenläufer.

(denn naturgemäß mußte lange Zeit verfließen, ehe selbst ein Häuptling zwischen Schenkel und Schenkel unterscheiden konnte)

Und nun lief das Langstreckenlaufen unzählbare Male um die Erde und wurd weder müde noch alt – aber der Wald ward gar bald zum Greis; die vielen Jahre hatten Höhlen in seine Knochen gegraben und saßen nun drinnen und sägten und sägten; und fällten die stolzen Stämme, deren Leichen das Langstreckenlaufen oft zu meilenlangen Umwegen zwangen. Eines Morgens flog an dem Langstreckenlaufen ein Schmetterling vorbei, der derart lila war, daß das »Lang« ihm sogleich nachhaschte wie ein einfältiges Mädchen. Über die Lichtung und dann immer tiefer und tiefer hinein in den Wald. Bis die Sonne sank, der Falter verschwand und die Nacht hob die dunkle Hand. Nun erst griff sich das »Lang« an die Knie (seinen Kopf) und machte kehrt – doch wohin es sich auch wand, überall lagen Leichen der Riesenbäume. Sechs Tage und sechs Nächte saß nun das »Lang« gefangen auf Moos und spreizte verzweifelt die Zehen. Es war still – nur ab und zu stöhnte ein sterbender Stamm. Und die Luft murmelte lau –

In der siebenten Mitternacht (es war vor Angst bereits halb-tot) rief eine helle Stimme:

»Siehe, dort liegt eine tote Tanne! Gehe hin und befolge das Gebot, du Auserkorener!«

Da senkte das Langstreckenlaufen gläubig die abgezehrten Zehen und rannte blind und bleich auf die dunkle Masse zu – zwei Urhasen im Unterholz schrien gellend auf, denn sie sahen es bereits mit gespaltenen Kniescheiben vermodern – jedoch im allerletzten Augenblick hob ein beflügeltes weißes Wesen das »Lang« über den toten Riesen und ließ es drüben unversehrt zu Boden gleiten. Da falteten die beiden ungläubigen Urhasen die Ohren und lobpreisten laut die Allmacht; es war ja ein Wunder geschehen: Hochsprung ist erstanden! Wie unendliche Heuschreckenschwärme flog das Gerücht vom heiligen Hochsprung über die Welt und allüberall sang man Dankchoräle. Als aber kurze Zeit darauf auch das Kurzstreckenlaufen einen Hochsprung vollführte, glaubte niemand mehr an das Wunder. Und die folgende Generation glaubte überhaupt nichts mehr – denn nun konnte ja jeder schon vom dritten Lebensjahre ab hochspringen. Sogar aus dem Stande.

Da aber erzürnte der liebe Gott gar sehr ob der allgemeinen Gottlosigkeit und sprach zum Eis:

»Eis, tust du meinen Willen nicht, so geb ich dir die Sonne zum Gemahl!«

Sogleich warf sich der Vater aller Winter auf den Bauch vor Gott; und gerade dort, wo er den Nabel trug, drehte sich die Erde.

(– und grimmige Kälte und grüner Frost erwählten die Erde zu ihrem Brautbett und finstere Stürme triumphierten.

Alles erstarb ohne verwesen zu dürfen.

Es waren Bilder, wie sie grausiger kaum an Verfolgungswahn leidende Insassen der Hölle hätten malen können.

Die wenigen, deren Blut nicht stillstand, hausten in Höhlen und weinten bittere Eiszapfen)

Und das Eis sprach zu Gott:

»Ich werde dein Wille, Herr!«

Und der Allgütige antwortete:

»So stehe auf! Denn allein wenn du so sagst, sind sie genügend gestraft!«

Kaum war das Wort verklungen schien die Sonne wieder auf die Erde und all die Eiszapfentränen schmolzen und bildeten mächtige Ströme – überall; einmal sogar zwischen einem Liebespaar.

So entstand der Weitsprung.

Und selbst die reuigsten Sünder konnten nicht umhin fest zu fühlen, daß dies kein Wunder sei, sondern nur natürlich. Daher beantragten sie (eben weil es kein Wunder war) ein Weitsprungverbot. Aber eben weil es natürlich war blieb es immer nur beim Antrag.

Erst bedeutend später verfertigte ein Geistvoller, der weder Gott noch Weib verehrte, einen Stab, mit dem der Hochsprung einen hochaufgeschossenen Sohn zeugte:

den Stabhochsprung

der heutzutage besonders bei Sportfotografen beliebt ist.

Randbemerkung zu Satz eins:
Nur um der Wahrheit Willen soll corrigieret werden, was aus Bequemlichkeit der Ausdrucksweise Überlieferung geworden war – daß nämlich jener geniale Mensch von jenem Baume nicht heruntersprang, sondern bloß herunterfiel. Und selbst kopfunten warf er noch heulend Gebetbrocken an den Horizont: denn damals herrschte in unserem Geschlechte der Glaube, daß am Boden nicht zu leben sei. Als er aber ebendortselbst dank seines vortrefflichen Genickerbauers heil landete, staunte er zunächst stumm ob des nicht eintretenden Todes. Doch bald verkündete er mit lauter Lunge seinen Brüdern und Schwestern, daß er heruntergesprungen sei. Dies war seine geniale Tat.

Und begeistert sprangen ihm die Geschwister nach ins neue Land; in der alten Heimat gab es nämlich bereits zu viel Menschen und zu wenig Äste. Freilich mit der neuen entdeckten sie auch nicht das Paradies: denn damals herrschten noch Drachen. Aber es waren ja bei dem Sprung aus dem Vaterlande nicht gerade alle auf den Kopf gefallen: einige wußten Rat. Mit Steinen und spitzen Stämmen (den Ahnen von Diskos und Speer) rotteten sie die Ungeheuer mit Müh und Plag nach und nach aus. Aber nur so, durch Leid geläutert, konnte sich die Leichtathletik entfalten. Und das ist doch Fortschritt – und uns allen liegt auch nichts ferner als dies: jenem Mitmenschen die kleine Formlüge nicht verzeihen zu können.

Juppiter Fürchtegott
Weltrekordinhaber h. c.

VIII.

Autobiographisches

Autobiographische Notiz (auf Bestellung)

Geboren bin ich am 9. Dezember 1901, und zwar in Fiume an der Adria, nachmittags um dreiviertelfünf (nach einer anderen Überlieferung um halbfünf). Als ich zweiunddreißig Pfund wog, verließ ich Fiume, trieb mich teils in Venedig und teils auf dem Balkan herum und erlebte allerhand, u. a. die Ermordung S. M. des Königs Alexanders von Serbien samt seiner Ehehälfte. Als ich 1,20 Meter hoch wurde, zog ich nach Budapest und lebte dort bis 1,21 Meter. War dortselbst ein eifriger Besucher zahlreicher Kinderspielplätze und fiel durch mein verträumtes und boshaftes Wesen unliebenswert auf. Bei einer ungefähren Höhe von 1,52 erwachte in mir der Eros, aber vorerst ohne mir irgendwelche besonderen Scherereien zu bereiten – (meine Liebe zur Politik war damals bereits ziemlich vorhanden). Mein Interesse für Kunst, insbesondere für die schöne Literatur, regte sich relativ spät (bei einer Höhe von rund 1,70), aber erst ab 1,79 war es ein Drang, zwar kein unwiderstehlicher, jedoch immerhin. Als der Weltkrieg ausbrach, war ich bereits 1,67 und als er dann aufhörte bereits 1,80 (ich schoß im Krieg sehr rasch empor). Mit 1,69 hatte ich mein erstes ausgesprochen sexuelles Erlebnis – und heute, wo ich längst aufgehört habe zu wachsen (1,84), denke ich mit einer sanften Wehmut an jene ahnungsschwangeren Tage zurück.

Heute geh ich ja nurmehr in die Breite – aber hierüber kann ich Ihnen noch nichts mitteilen, denn ich bin mir halt noch zu nah.

Fiume, Belgrad, Budapest, Pressberg, Wien, München

Sie fragen mich nach meiner Heimat, ich antworte: ich wurde in Fiume geboren, bin in Belgrad, Budapest, Preßburg, Wien und München aufgewachsen und habe einen ungarischen Paß – aber: »Heimat«? Kenn ich nicht. Ich bin eine typisch alt-österreichisch-ungarische Mischung: magyarisch, kroatisch, deutsch, tschechisch – mein Name ist magyarisch, meine Muttersprache ist deutsch. Ich spreche weitaus am besten Deutsch, schreibe nunmehr nur Deutsch, gehöre also dem deutschen Kulturkreis an, dem deutschen Volke. Allerdings: der Begriff »Vaterland«, nationalistisch gefälscht, ist mir fremd. Mein Vaterland ist das Volk.

Also, wie gesagt: Ich habe keine Heimat und leide natürlich nicht darunter, sondern freue mich meiner Heimatlosigkeit, denn sie befreit mich von einer unnötigen Sentimentalität. Ich kenne aber freilich Landschaften, Städte und Zimmer, wo ich mich zuhause fühle, ich habe auch Kindheitserinnerungen und liebe sie, wie jeder andere. Die guten und die bösen. Ich sehe die Straßen und Plätze in den verschiedenen Städten, auf denen ich gespielt habe, oder über die ich zur Schule ging, ich erkenne die Eisenbahn wieder, die Rodelhügel, die Wälder, die Kirchen, in denen man mich zwang, den heiligen Leib des Herrn zu empfangen – ich erinnere mich auch noch meiner ersten Liebe: das war während des Weltkrieges in einem stillen Gäßchen, da holte mich in Budapest eine Frau in ihre Vierzimmerwohnung, es dämmerte bereits, die Frau war keine Prostituierte, aber ihr Mann stand im Feld, ich glaube in Galizien, und sie wollte mal wieder geliebt werden.

Meine Generation, die in der großen Zeit die Stimme mutierte, kennt das alte Österreich-Ungarn nur vom Hörensagen, jene Vorkriegsdoppelmonarchie, mit ihren zweidutzend Nationen, mit borniertestem Lokalpatriotismus neben resignierter Selbstironie, mit ihrer uralten Kultur, ihren Analphabeten, ihrem absolutistischen Feudalismus, ihrer spießbürgerlichen Romantik, spanischen Etikette und gemütlicher Verkommenheit.

Meine Generation ist bekanntlich sehr mißtrauisch und bildet sich ein, keine Illusionen zu haben. Auf alle Fälle hat sie bedeutend weniger als diejenige, die uns herrlichen Zeiten entgegengeführt hat. Wir sind in der glücklichen Lage, glauben zu dürfen, illusionslos leben zu können. Und das dürfte vielleicht unsere einzige Illusion sein.

Ich weine dem alten Osterreich-Ungarn keine Träne nach. Was morsch ist, soll zusammenbrechen, und wäre ich morsch, würde ich selbst zusammenbrechen, und ich glaube, ich würde mir keine Träne nachweinen.

Manchmal ist es mir, als wäre alles aus meinem Gedächtnis ausradiert, was ich vor dem Kriege sah. Mein Leben beginnt mit der Kriegserklärung. Und es widerfuhr mir das große Glück erkennen zu dürfen, daß die Ausrottung der nationalistischen Verbrechen nur durch die völlige Umschichtung der Gesellschaft ermöglicht werden wird. Das ist mein Glaube. Lächeln sie nicht! Dadurch, daß eine Erkenntnis oft als Schlagwort formuliert wird, verliert sie nichts von ihrer Wahrheit. Worauf es ankommt, ist die Bekämpfung des Nationalismus zum Besten der Menschheit.

Ich glaube, es ist mir gelungen, durch meine »Bergbahn« den Beweis zu erbringen, daß auch [ein] nicht »Bodenständiger«, nicht »Völkischer«, eine heimatlose Rassenmischung, etwas »Bodenständig-Völkisches« schaffen kann, – denn das Herz der Völker schlägt im gleichen Takt, es gibt ja nur Dialekte als Grenzen.

Zeittafel

1901	Am 9. Dezember kommt Edmund Josef von Horváth, genannt Ödön, als erster Sohn seiner Eltern in Fiume (damals ungarisch, heute Rijeka genannt und zu Kroatien gehörend) zur Welt.
1902–1918	Aufgrund der Diplomatentätigkeit seines Vaters lebt die Familie in dieser Zeit in Belgrad, Budapest, München und Bratislava (Pressburg). Ödön besucht verschiedene Schulen und muss vier Mal die Unterrichtssprache wechseln.
1903	Geburt des Bruders Lajos
1916	Aus dieser Zeit stammen die ersten Zeugnisse von Horváths schriftstellerischen Versuchen in Form von Gedichten.
1919	Während Horváths Eltern nach München zurückkehren, wird er in die Obhut seines Onkels Josef Prenhal nach Wien gegeben. Dort legt er sein Abitur (Matura) ab.
1919–1921/22	Studium der Germanistik und Theaterwissenschaften in München
1922/23	Beginn einer ernsthaften schriftstellerischen Tätigkeit; es folgen intensive Schreibphasen und die Veröffentlichung sowie Aufführung

des *Buchs der Tänze*, von dem er sich später distanziert. Bis auf die *Sportmärchen* vernichtet Horváth nachträglich all seine Frühwerke.

1923 Mehrwöchige Paris- und Berlinreise mit seinem Bruder Lajos; fortan lebt und arbeitet er in Berlin, Salzburg und Murnau, wo seine Eltern eine Villa erworben haben.

1929 Austritt aus der katholischen Kirche; schriftstellerischer Durchbruch mit der Uraufführung seiner Stücke *Sladek* und *Bergbahn* (bzw. *Revolte auf Côte 3018*). Fortan steht er beim Ullstein-Verlag unter Vertrag. Horváth warnt in seinen Stücken zunehmend vor den Gefahren des Faschismus.

1930 Horváth veröffentlicht seinen ersten Roman *Der ewige Spießer* und wird Mitglied des Schutzverbands Deutscher Schriftsteller und anderer Berufsverbände.

1931 Mit seinen Stücken *Italienische Nacht* und *Geschichten aus dem Wiener Wald* feiert Horváth große Erfolge. Auf Vorschlag von Carl Zuckmayer erhält er im selben Jahr den Kleist-Preis.

Horváth sagt, nachdem er einer Saalschlacht zwischen Mitgliedern der NSDAP und Sozialdemokraten beiwohnte, in den nachfolgenden Prozessen gegen die Nationalsozialisten aus.

1932 Mit den Stücken *Kasimir und Karoline* und *Glaube Liebe Hoffnung* knüpft er zunächst an seine Erfolge vom Vorjahr an. Sein Vertrag mit dem Ullstein-Verlag wird aufgelöst.

1933	Mit der Machtergreifung Hitlers wird Ödön von Horváth in Deutschland mit einem Aufführungs- und Publikationsverbot belegt. Horváth verlässt das Land und hält sich in den folgenden Jahren in Wien auf. Er arbeitet weiterhin an Stücken und Romanen sowie unter Pseudonym an Filmprojekten. Heirat mit Maria Elsner; wenige Monate später folgt die Scheidung.
1936	Horváth wird, während er seine Eltern in Possenhofen besucht, aufgefordert, das Land zu verlassen.
1937	Horváths Roman *Jugend ohne Gott* erscheint in Amsterdam und wird in mehrere Sprachen übersetzt.
1938	*Jugend ohne Gott* wird in die »Liste des schädlichen und unerwünschten Schrifttums« aufgenommen. Veröffentlichung seines Romans *Ein Kind unserer Zeit.* Horváth leidet unter Depressionen und an einer Identitätskrise. Zusammen mit seiner Lebensgefährtin Wera Liessem verlässt er nach dem Einmarsch von Hitlers Truppen in Österreich Wien und führt ein Emigrantendasein. Sie reisen nach Budapest, Teplitz-Schönau, Prag, Mailand, Zürich, Amsterdam und schließlich nach Paris. Horváth wird am 1. Juni auf dem Champs-Élysées bei einem Sturm vom herabstürzenden Ast einer Rosskastanie erschlagen.

Nachwort

»… wofür ich eintrete, das ist die Vernunft und die Aufrichtigkeit.«

Liest man etwas aus dem literarischen Werk des Ödön von Horváth, wird man zweifelsfrei die bleibende Erkenntnis gewinnen, dass er auf einen »inneren Drang hin« Schriftsteller geworden ist. Seine Schriften sind frei von Zugeständnissen oder Gedanken an ein aufrechtzuerhaltendes »Image« – sie sind Wahrheiten. Wäre das anders, würde er heute vielleicht nicht als einer der bedeutendsten Dramatiker des 20. Jahrhunderts gelten. In einem Interview, das er im April 1932 auf dem Höhepunkt seines Erfolgs für den Bayerischen Rundfunk gab, verdeutlicht er, warum er die nötigen Voraussetzungen für diesen Beruf, oder besser: für diese Berufung habe – »du widersprichst gern, fast dauernd, und dieser eigentümliche Drang, das was man so sieht und erlebt und vor allem: was man sich einbildet, daß es die Anderen erleben, niederzuschreiben, den hast du auch – und dann weißt du auch, daß man nie Konzession machen darf und daß es dir immer schon gleichgültig war, was die Leute über dich geredet haben – und so hatte ich eigentlich schon auch das, was pathetische Naturen als die ›Erkenntnis einer dichterischen Mission‹ bezeichnen.«

Die Jugend des am 9. Dezember 1901 in Fiume (heute heißt die Stadt Rijeka und liegt in Kroatien, damals war sie ungarisch) geborenen Edmund Josef, genannt Ödön, war derart tiefgehend geprägt von den Ereignissen des Ersten Weltkriegs, dass die Erinnerungen an die Zeiten davor seiner Generation wie ausgelöscht vorkommen mussten (s. S. 124). Dieses Kind der Zwischenkriegszeit entstammte väterlicherseits einer Linie magyarisch-kroatischer Offiziere, mütterlicherseits einer tschechisch-deutschen Militärarztfamilie. Sein Vater, Dr. Edmund von Horváth, war als Diplomat tätig und heiratete im Februar 1901 Maria Hermine Prenhal. Aufgrund der beruflichen Tätigkeit des Vaters – 1908/09 wurde er für seine Verdienste geadelt – ist die Kindheit Ödöns und seines Bruders Lajos, der 1903 in Belgrad geboren wird, von häufigen Umzügen und Umgebungswechseln bestimmt. Nach Fiume und Belgrad sind die weiteren Stationen der Familie Budapest (1908), München (1913) und Pressburg (1916): »Während meiner Schulzeit wechselte ich viermal die Unterrichtssprache und besuchte fast jede Klasse in einer anderen

Stadt. Das Ergebnis war, daß ich keine Sprache ganz beherrschte. Als ich zum ersten Mal nach Deutschland kam konnte ich keine Zeitung lesen, da ich keine gotischen Buchstaben kannte, obwohl meine Muttersprache die deutsche ist. Erst mit vierzehn Jahren schrieb ich den ersten deutschen Satz.« (Ö. v. H.) Laut Marcel Reich-Ranicki prädestinierte ihn aber gerade dieser Umstand dazu, »die Besonderheiten und Schattierungen der Umgangssprache wahrzunehmen«, denn er wies die nötige Unbefangenheit im Umgang mit ihr auf.

Nachdem er 1919 in die Obhut seines Onkels Josef Prenhal nach Wien gegeben wurde, um dort sein Abitur (Matura) abzulegen, schreibt er sich im Folgenden bis zum Wintersemester 1921/22 an der Universität München für die Studiengänge Germanistik und Theaterwissenschaften ein. In den Jahren 1922/23 beginnt er ernsthaft eine schriftstellerische Tätigkeit in Betracht zu ziehen und versucht sich an verschiedenen Textgattungen. Die erste Veröffentlichung und Aufführung seines *Buchs der Tänze* lässt nicht lange auf sich warten. Doch Horváth vernichtet später fast all seine Frühwerke (»Es waren nur Versuche!«) – nur seine *Sportmärchen* genügten auch im Nachhinein noch seinen Ansprüchen. Sie sind seine einzigen verbliebenen literarischen Produktionen aus dieser Zeit.

Länger nur an einem Ort zu leben, das passt nicht zu dem selbsternannten Weltbürger, und so lebt und arbeitet er in diesen Jahren seiner schriftstellerischen Anfänge sowohl in der Murnauer Villa seiner Eltern als auch in Salzburg und Berlin. Die ländliche Umgebung Murnaus zu verlassen und sich zeitweise in der deutschen Hauptstadt aufzuhalten, war für einen (angehenden) gesellschaftskritischen Schriftsteller seiner Zeit beinahe unumgänglich, um »das Fluidum des Wandels« und »die Atmosphäre der neuen Menschen« atmen zu können – für ihn ist es die »Flucht aus der Stille«. In Berlin entwickelte sich in den 1920er-Jahren eine besonders inspirierende und vielseitige literarisch-künstlerische Szene, die mit starkem politischem Einschlag den Geist der Zeit facettenreich zum Ausdruck brachte. Diese krisengebeutelte Zeit ausschließlich oder in erster Linie als glamouröse »Goldene Zwanziger« zu bezeichnen, wäre eine einseitige Perspektive. Künstler wie George Grosz, Karl Hubbuch, Hanna Nagel, Elfriede Lohse-Wächtler, Otto Dix u. a. stellten zunehmend die sozialen Probleme, Veränderungen und Ungerechtigkeiten der kriegsgezeichneten Industriegesellschaft in den Mittelpunkt ihrer Kunst: »Die Menschen haben ein niederträchtiges System geschaffen – ein Oben und ein Unten (…) Einige wenige verdienen Millionen, während Abertausende knapp das Existenzminimum haben. (…) Den Unterdrückten die wahren Gesichter ihrer Herren zu zeigen, gilt meine Arbeit.« (George Grosz)

Auch Horváth – seine Liebe zur Politik erwachte nach eigener Aussage früher als die zur Literatur – widmet sich in seinen Stücken weniger den Schönen und Reichen, als dem zahlenmäßig deutlich überlegenen »kleinen Volk« und verarbeitet darin den Zeitgeist, die politischen Entwicklungen und gesellschaftlichen Strömungen dieser ereignisreichen Epoche. Er erlebt, wie nach dem Ende des Deutschen Kaiserreichs und dem Ersten Weltkrieg mit der Weimarer Republik die erste parlamentarische Demokratie errichtet wird, wie mit der Wirtschaftskrise Ende der 20er-Jahre Inflation und Arbeitslosigkeit den Großteil der Bevölkerung in die Armut treiben und nicht zuletzt, wie sich mit dem Faschismus eine Gegenbewegung zum demokratischen System bildet und schließlich in einem totalitären Regime gipfelt. Und doch sind Horváths Stücke, trotz dieser unvermeidlichen Bezüge, erstaunlich zeitlos. Es ist bezeichnend, wie sehr Denkmuster und Argumentationsweisen der gegenwärtigen Menschen denen aus dem letzten Jahrhundert immer noch ähneln. Horváths Charaktere und deren Umgang mit gesellschaftlichen, sozialen und politischen Themen findet man auch in der heutigen Zeit – wurde doch mit der Weimarer Republik nicht nur der Grundstein für unsere eigene Verfassung gelegt, sondern auch die Entwicklung zu einer freiheitlichen Gesellschaft hin begonnen. Gerade deshalb sind seine Texte für den heutigen Leser immer noch so wertvoll.

Er hat die Chance Horváths Worte als Warnung und Anstoß zur Selbstreflexion und zur Veränderung wahrzunehmen: »Gegen Lüge und Dummheit. Werdet aufrichtig, erkennt euch selbst! Nehmt euch nicht zu ernst, es steht euch weder an noch gut.«

Horváths Stücke, Romane und Erzählungen haben alle ein gemeinsames Ziel: »Die Demaskierung des Bewußtseins«. Er will Wahrheit sprechen und offenlegen, was sich hinter den Masken der Menschen verbirgt: »Ich schreibe nichts gegen, ich zeige es nur – ich schreibe auch allerdings nie für jemand, und es besteht die Möglichkeit, daß es dann gleich ›gegen‹ wirkt. Ich habe nur zwei Dinge, gegen die ich schreibe, das ist die Dummheit und die Lüge. Und zwei, wofür ich eintrete, das ist die Vernunft und die Aufrichtigkeit.« (Ö. v. H.) Ernst und Ironie gehen bei ihm dabei eine Synthese ein, doch verwehrt er sich gegen die Parodie als Kunstform: »Ich hasse die Parodie!«, sie sei ein billiges Unterhaltungsmittel. Dass er seine Stücke oft als Volksstücke untertitelt, liegt vor allem daran, dass sie »Fragen des Volkes, seine einfachen Sorgen, durch die Augen des Volkes betrachtet« (Ö. v. H.) behandeln. Horváth beobachtet, hört zu und illustriert die Probleme, Ängste und Wünsche des unpolitischen Spießbürgers: »Mit der Sensibilität des Außenseiters war es ihm gelungen, sich in ein für ihn neues Milieu einzuleben. Er entdeckte jene für die Kleinbürger der zwanziger Jahre charakteristische Mischung aus mundartlich geprägtem Alltagsdeutsch und einem mit prätentiösen Wendungen gespickten Bildungsjargon.« (Marcel Reich-Ranicki) Die meisten seiner Stücke entstehen in Kneipen, wo er die Gespräche der Leute aufgreift. »Er hatte das makabre Milieu ja immer schon gerne, je vulgärer, je komischer und anregender für ihn. Er fand feine Lokale furchtbar langweilig. (…) Er fand das Studium der Ärmsten, der verkommensten Klasse immer viel lebensnäher als die sogenannte gute Gesellschaft«, schreibt seine Freundin, die Schauspielerin und Dramaturgin Wera Liessem. Da Menschen seiner Ansicht nach erst durch Sprache lebendig werden, muss diese in den Stücken ebenfalls authentisch sein, anstatt starren Vorgaben zu folgen. Diese unverblümte Art stößt nicht bei jedem auf Zustimmung: »Man wirft mir vor, ich sei zu derb, zu ekelhaft, zu unheimlich, zu zynisch und was es dergleichen noch an soliden, gediegenen Eigenschaften gibt – und man übersieht dabei, daß ich doch kein anderes Bestreben habe, als die Welt zu schildern, wie sie halt leider ist.« (Ö. v. H.) Manfred Georg zufolge reagieren jene aber nur so, »[w]eil die Menschen ja überhaupt schwer ertragen, wenn man ihnen sagt oder zeigt, was das Leben ist«.

Dennoch kann Horváth 1929 mit der Aufführung der Stücke *Sladek* und *Bergbahn* seinen Durchbruch als Schriftsteller feiern. Man nimmt ihn bald als Erneuerer des Volksstücks wahr und auch zeitgenössische Schriftsteller wie Carl Zuckmayer (an)erkennen sein Talent: »Horváth – scheint mir unter den jüngeren Dramatikern die stärkste Begabung und, darüber hinaus, der hellste Kopf und die prägnanteste Persönlichkeit zu sein. (...) was er macht, hat Format –, und sein Blick ist eigenwillig, ehrlich, rücksichtslos.« Zudem bietet ihm der Ullstein-Verlag einen Vertrag und damit eine gewisse finanzielle Sicherheit. Als nicht minder gelungen stufen Publikum und Kritiker seinen 1930 publizierten Roman *Der ewige Spießer* ein, in dem er den Typus des deutschen Kleinbürgers nachzeichnet. Im darauffolgenden Jahr veröffentlicht er die *Geschichten aus dem Wiener Wald,* die – außer in Wien, wo man sie als tiefe Beleidigung empfindet – mit großem Publikumserfolg aufgeführt werden. Im selben Jahr wird ihm auf Vorschlag von Carl Zuckmayer der Kleist-Preis verliehen – bis 1932 entwickelt Horváth sich schließlich zu einem der erfolgreichsten deutschsprachigen Dramatiker. Aber er war nicht nur dies, sondern, wie Klaus Mann später schreiben sollte, »ein Dichter, nur wenige verdienen diesen Ehrennamen. Die Atmosphäre echter Poesie war in jedem Satz, den er geschrieben hat, und sie war auch um seine Person, war in seinem Blick, seiner Rede«. Horváth besaß die Fähigkeit, eine Aussage, Situation, einen Gefühlszustand sprachlich auf den Punkt zu bringen und damit Wirkung und Ausdruckskraft maximal zu entfalten. Die Geschliffenheit und Präzision seiner Worte sind das Ergebnis eines Perfektionismus und der daraus resultierenden mehrfachen Überarbeitungen seiner Entwürfe. Klaus Kastberger, Leiter des Grazer Literaturhauses und des Franz-Nabl-Instituts für Literaturforschung an der Universität Graz, wo man derzeit an einer neuen historisch-kritischen Gesamtausgabe von Horváths Werken arbeitet, bezeichnet den Schriftsteller als »Monteur: Oft hat er Textteile ausgeschnitten und an anderen Stellen wieder eingeklebt«. Dies bedeutet auch, dass Aussage und Bedeutung einzelner Teile nicht kontextgebunden sein müssen, um zu funktionieren und zu wirken – sie können für sich alleine stehen. Auch der Kritikerpapst Alfred Kerr sah gerade dies als seine Stärke an: »Ihm liegt (…) Episodiges mehr als Geschlossenes.«

Neben den stets präsenten sozialen Themen ist in Horváths Werk zunehmend auch seine Auseinandersetzung mit den lauter werdenden radikalen Ansichten sowohl in linken als auch in rechten politischen Lagern zu erkennen. Besonders in dem Stück *Italienische Nacht* schlägt einem die Warnung vor nationalistischem und menschenverachtendem Gedankengut entgegen. Horváth verarbeitet darin u. a. eine Saalschlacht zwischen Mitgliedern der NSDAP und Sozialdemokraten, welcher er in Murnau zufällig beiwohnte. In den nachfolgenden Verhandlungen sagte er gegen die Nationalsozialisten aus, die sich durch seine Stücke zunehmend angegriffen und gereizt fühlten. Im *Völkischen Beobachter* vom 14.2.1933 hieß es dazu: »Ödön von Horváth besaß die Frechheit, die Nationalsozialisten anzupöbeln.«

Wie für die meisten Künstler und Schriftsteller, die die Realität abbildeten und sich regimekritisch äußerten, bedeutet das Jahr 1933 mit Hitlers Machtergreifung für Horváth ein Aufführungs- und Publikationsverbot sowie die Abkehr von Deutschland: »Er erschauerte vor dem Bösen, das im Dritten Reich täglich schamlos-nackt triumphiert.« (Klaus Mann) 1935 geht er nach Wien und erhält eine österreichische Kennkarte, nachdem er bislang einen ungarischen Pass hatte, sich aber immer als dem »deutschen Kulturkreis« zugehörig empfand. Horváth lädt die Begriffe des »Weltbürgers« und »Heimatlosen« positiv auf und nutzt sie für seinen Schriftstellerberuf: »unsere Heimat ist der Geist. Der Geist, der nichts zu tun hat mit den blöden Schlagworten von Blut und Boden«. (Ö. v. H.). In den Jahren nach der Machtergreifung befindet sich Horváth stets in einer prekären finanziellen Lage. Durch das Aufführungs- und Publikationsverbot seiner Stücke, das mit dem Einmarsch der Nationalsozialisten in Wien ab 1938 auch in Österreich gilt, kann er kaum mehr öffentlichkeitswirksam schreiben. »Horváths Arbeit fand damals überhaupt nicht viel Beachtung – wovon er völlig unbeeinflußt schien«, bemerkt Hertha Pauli, eine längjährige Freundin des Schriftstellers. »Er schrieb unbeirrt weiter, in den schmutzigen kleinen Weinstuben, die er liebte.« Sich selbst gegenüber vollkommen integer, folgte er ungeachtet der Umstände seiner einzigen Maxime: »Es gibt für mich ein Gesetz und das ist die Wahrheit.« Bis 1938 arbeitet er an seinen so wichtigen, heute häufig als Schullektüre eingesetzten Romanen *Ein Kind unserer Zeit* und *Jugend ohne Gott*, die er 1937/38 in einem Amsterdamer Exilverlag publiziert. Vor allem letzterer schildert die anbrechenden »kalten Zeiten«, das moralisch verkommene und menschenverachtende nationalistische Gedankengut. Er gewinnt an Bedeutung, wird in mehrere Sprachen übersetzt und sogleich in die »Liste des schädlichen und unerwünschten Schrifttums« aufgenommen. Der Roman sei »großartig und schneidet quer durch den moralischen Weltzustand«, schreibt Hermann Hesse 1938 an den Künstler Alfred Kubin. In Horváths späten Stücken tritt auch seine fatalistische Weltanschauung stärker zutage, er hat mit depressiven Phasen und einer Identitätskrise zu kämpfen. Als er nach dem »Anschluss« Österreichs im März 1938 auch in diesem Land nicht mehr leben kann und will, fristet er in den letzten Monaten seines Lebens ein Emigrantendasein. Er reist für tage- oder wochenlange Aufenthalte nach Budapest, Teplitz-Schönau, Prag, Mailand, Zürich, für Verlagsgespräche nach Amsterdam und kommt am 28. Mai schließlich in Paris an, wo er Freunde wiedertrifft. Für den 1. Juni ist er mit dem Regisseur Robert Siodmak verabredet – man spricht über Verfilmungspläne für seinen Roman *Jugend ohne Gott*. Das Angebot, ihn mit dem Auto in sein Hotel zu fahren, lehnt Horváth, der einen Hang zum Mysteriösen und Abergläubischen hat und gegenüber Autos skeptisch ist, ab und geht zu Fuß. Aufgrund eines starken Sturms stürzt auf der Champs-Élysées der Ast einer Rosskastanie auf ihn hinab und erschlägt ihn.

Obwohl Ödon von Horváth häufig bloß gerade wegen seines tragischen und außergewöhnlichen Todes zitiert wird, sollte er in erster Linie deshalb erinnert und gelesen werden, weil er »mit der scharfen Beobachtungsgabe ausgestattet, die Kinder besitzen« (Joseph Roth) die politische Unbildung, Passivität, Indifferenz und moralische Verkommenheit des Menschen in seiner ungeschönten Realität abbildet und damit das Bewusstsein des Menschen von seinen Masken befreit.

Anna Schloss

Editorische Notiz

Die der Auswahl zugrundeliegenden Texte folgen den Originalschreibweisen des Autors und sind nachstehenden Ausgaben entnommen:

Ödön von Horváth, Gesammelte Werke in acht Bänden. Herausgegeben von Traugott Krischke und Dieter Hildebrandt. Frankfurt am Main 1970

Ödön von Horváth, Ein Lesebuch. Herausgegeben von Traugott Krischke. Frankfurt am Main 1976

Ödön von Horváth, Historisch-kritische Ausgabe – Digitale Edition [http://gams.uni-graz.at]

Bibliografische Information der Deutschen Nationalbibliothek
Die Deutsche Nationalbibliothek verzeichnet diese Publikation in der Deutschen Nationalbibliografie; detaillierte bibliografische Daten sind im Internet über http://dnb.d-nb.de abrufbar.

Covergestaltung: Anja Carrà, Weimar
Satz und Bearbeitung: SATZstudio Josef Pieper, Bedburg-Hau
Der Titel wurde in der Minion Pro gesetzt.
Gesamtherstellung: CPI books GmbH, Leck – Germany

ISBN: 978-3-7374-1076-2

www.verlagshaus-roemerweg.de